AF359413

RECVEIL

DE

QVELQVES EDICTS,

Ordonnances & Declarations anciennes, concernans les droicts
des Cinq grosses Fermes
de France.

A PARIS,

De l'Impr. de IVLIAN IACQVIN, ruë des Massons,
vis à vis l'Eglise de Sorbonne.

M. DC. LXIII.

ORDONNANCE DV ROY

noſtre Sire, donnée à Tonnerre au moſs d'Aouſt
mil cinq cens quarante-deux.

RANCOIS PAR LA GRACE DE DIEV ROY DE FRANCE: A tous ceux qui ces preſentes Lettres verront, Salut. Comme de tout temps & d'ancienneté nos predeceſſeurs Roys ayent accouſtumé leuer douze deniers pour liure ſur toutes denrées & marchandiſes ſortans hors nos Royaume, Pays, Terres & Seigneuries, ou tranſportées en nos Pays & és lieux où nos Aydes n'ont aucun cours, lequel droiĉt eſt vulgairement appellé impoſition foraine; & en outre, quatre deniers pour liure, & cinq ſols pariſis és lieux de pariſis, & cinq ſols tournois és Pays de tournois, pour queuë de Vin, que l'on appelle droiĉt de reſue en aucuns lieux, & és autres domaine forain; auſſi ſept deniers pour liure ſur aucunes eſpeces de marchandiſes declarées en nos anciennes Ordonnances, que l'on nomme auſſi droiĉt de haut paſſage: le tout ſuiuant les Loix, Conſtitutions & Statuts de noſtredit Royaume. Et Nous eſtans par cy-deuant aduertis, que leſdits droiĉts, tant par negligence de nos Officiers, que pour auoir eſté longuement en mains de Fermiers, s'eſtoient grandement diminuez, & pourroient encore plus cy-apres, à cauſe de pluſieurs abus & fraudes qui y ont eſté commis, tant par nos propres Subjets, qu'eſtrangers; & auſſi par ce que pluſieurs Villes, Communautez ou particuliers, par intelligence qu'ils auoient auec noſdits Fermiers, s'eſtoient voulu exempter deſdits droiĉts, ainſi qu'en beaucoup de lieux & endroits de noſtredit Royaume, pluſieurs Marchands, tant de noſdits Subjets, qu'eſtrangers, eſtoient grandement vexez & moleſtez par pluſieurs rigueurs, prouenans de la cupidité & auarice deſdits Fermiers.

A ij

Pour à quoy donner ordre, defirans fur toutes chofes le foula-
gement de nofdits Sujets, & le commerce, negociation & trafic
de marchandifes eftre entretenus en la plus grande liberté que
faire fe pourra entre nofdits Subjets & lefdits eftrangers, fans
infraction des Ordonnances & Statuts, tant de nofdits Prede-
cefleurs, que de Nous : Voulans auffi obuier & pouruoir aufdites fraudes & abus calomnieufement inuentez, tant par les
noftres, qu'eftrangers, pour l'abolition ou diminution de nofdits droicts, euffions dés le 25. iour de Nouembre de l'an 1540.
par bon aduis & deliberation, ftatué & ordonné par nofdites
Lettres d'Edict, que noftredit droict d'impofition foraine feroit
cueilly & leué fous noftre main, & felon la forme contenuë efdites anciennes Ordonnances fur ce faites, afin que par Nous fuft
entenduë exactement l'origine & fource defdits abus, & pour
connoiftre fi auec plus grande facilité & commodité de nofdits
Subjets & eftrangers, noftredit droict fe pouuoit leuer : Et toft
apres l'execution dudit Edict, les Marchands de noftredit
Royaume Nous auroient humblement remontré, que par lefdites anciennes Ordonnances, les Conducteurs defdites denrées,
& marchandifes, auant que de partir des lieux où elles eftoient
chargées, font tenus de payer ledit droict, ou bailler Caution
de rapporter certification dedans certain temps prefix, comme
lefdites marchandifes auroient efté efchangées ou venduës en
noftredit Royaume, & és lieux d'iceluy où nofdites Aydes ont
cours ; tellement qu'il ne leur eftoit permis d'embaler les trouffeaux ou fardeaux defdites marchandifes, fans prealablement
auoir fommé noftre Receueur ou Fermier, ou fon Commis,
pour voir, vifiter & eftimer le contenu en iceux fardeaux ou
trouffeaux, & receuoir le payement ou Caution fufdite ; ce qui
leur eftoit de grande incommodité, tellement que par fuccef-
fion de temps elle pourroit donner occafion à plufieurs Marchands de fecrettement tranfporter leurfdites marchandifes, &
Nous defrauder de nofdits droicts : Au moyen de quoy, combien que noftredit droict en peut grandement diminuer, neantmoins à leur tres-inftante requefte & fupplication, & en attendant pour quelque temps de voir de quelle fidelité & loyauté
fe porteroient lefdits Marchands enuers Nous pour le payement
de noftredit droict, aurions dés le dixiéme iour de Iuin dernier

paſſé, ordonné noſtredit droiĉt d'impoſition foraine eſtre ſeulement leué aux extremitez de noſtre Royaume, & és lieux eſquels nos Aydes n'ont cours, & qu'en icelles extremitez ſeroient eſtablis Maiſtres des Ports & Gardes,& certains lieux determinez pour le paſſage & tranſport deſdites marchandiſes, & que ſelon ledit premier Ediĉt du 2 5. iour de Nouembre, toutes les denrées & marchandiſes communément ſortans, ſeroient appreciées, eualuées & eſtimées à certains prix limitez, afin que leſdits Marchands fuſſent certains de ce qu'ils deuroient payer pour muid, pour cent, pour balle ou pour charge de toutes ſortes de marchandiſes : Pour faire laquelle appreciation, euſſions dés le 2 5. iour de Nouembre 1540. par nos Lettres Patentes deputé aucuns de nos Officiers de noſtre Ville de Paris, leſquels en la compagnie d'aucuns Marchands Bourgeois de ladite Ville, auroient procedé à l'appreciation deſdites marchandiſes, ainſi qu'ils auroient lors aduiſé, pour la grande commodité & auantage deſdits Marchands, comme il Nous eſt apparu par leur Procez verbal du 20. iour de Iuillet 1541. dernier paſſé. Et combien que ladite appreciation ſoit grandement à noſtre deſauantage, & leſdites marchandiſes ne ſoient priſées à la moitié de ce qu'elles peuuent valoir, tellement que noſtredit droiĉt d'impoſition, qui eſt de cinq pour cent, ne reuiendroit pas à deux & demy; toutesfois deſirans auec noſtre grande & euidente perte, connoiſtre la fidelité & loyauté qui Nous ſera gardée cy-apres par leſdits Marchands au payement de noſdits droiĉts, & leur donner màtiere de n'y commettre aucunes fraudes ny abus, en les releuant tant de la moitié dudit payement & plus, que de la fatigue & moleſte que nos Receueurs, Fermiers ou Commis leur euſſent pû donner, ſelon la forme deſdites anciennes Ordonnances, en faiſant eſtimer toutes leurſdites marchandiſes toutes & quantesfois qu'il faudra acquitter noſtredit droiĉt, & en ce faiſant, les contraindre de débaler & aulner les draps, toiles, & autres marchandiſes qui ont accouſtumé d'eſtre aulnées, peſer celles qui ſont ſujettes à poids, meſurer celles qui ſont ſujettes à la meſure, comme bleds, grains, & autres, taſter & eſſayer dés vins & autres breuuages, & les faire payer à la raiſon du vray prix d'icelles marchandiſes, ſuiuant leſdites anciennes Ordonnances;

chofe qui doit donner grand contentement aufdits Marchands,
tant pour la grande & euidente vtilité qu'ils en rapportent,
quand par Nous eft diminué plus de la moitié de noftredit
droict, que pour eftre foulagez & releuez de garder la forme
de nofdites anciennes Ordonnances, qui leur eftoit grandement dommageable, & de grand retardement au cours de leurs
marchandifes.

SÇAVOIR faifons, que pour les caufes deffus dites, & pour
l'efperance que Nous auons, que lefdits Marchands, pour le
grand bien qu'ils reçoiuent de Nous, par le contenu de ces
prefentes, Nous garderont fidelité & loyauté au payement de
nofdits droicts, & n'y commettront aucunes fraudes, fautes
ny abus : Par l'aduis & deliberation des Princes de noftre Sang,
Gens de noftredit Confeil, eftans lez noftre Perfonne, & autres ; De noftre certaine fcience, pleine Puiffance, & Authorité
Royale, voulu, ftatué & ordonné, voulons, ftatuons & ordonnons, & Nous plaift, que nofdits droicts d'impofition foraine,
refue, domaine forain, & haut paffage, feront dorefnauant leuez & cueillis fous noftre main fur lefdites denrées & marchandifes, felon lefdites appreciations & eualuations, qui feront
cy-apres declarées, & en la forme & maniere qui s'enfuit ; le
tout par maniere de prouifion, & iufques à ce que par Nous
autrement en foit ordonné, fans que cette prefente forme puiffe
eftre tirée à confequence à l'encontre de Nous, & nofdits
droicts ; Voulans que lefdits Marchands foient tenus & contraints à payer nofdits droicts par prouifion, felon lefdites appreciations, & non autrement, iufques à ce qu'autrement en
ayons ordonné.

I. Et pour ce que les efpeces des denrées & marchandifes,
qui peuuent eftre tirées hors de noftredit Royaume, Pays &
Seigneuries, font diuerfes, & feroit mal-aifé & quafi impoffible
les declarer & exprimer entierement ; Voulons & ordonnons,
que s'il aduient qu'il en foit tirées aucunes qui ne foient cy-
deffus appreciées & eftimées, les Commis & Deputez aux Villes & lieux des extremitez de noftredit Royaume, à l'iffuë d'i-
celuy les apprecient & eualuënt moderément ; & pour ce faire,
appellent auec eux gens à ce connoiffans & experts, & noftre
Procureur ou fon Subftitut, fi nofdits Commis voyent que bon

foir de l'appeller, & feront acquitter lefdites denrées & marchandifes ainfi appreciées & eftimées comme deffus ; & celles
qui ferontpar nofdits Commis, ainfi que dit eft cy-deffus, eftimées & appreciées à raifon de douze deniers tournois pour liure pour noftre droiƈt d'impofition foraine, & à raifon de quatre deniers pour liure pour noftre droiƈt de refue, & fept deniers pour liure pour noftre droiƈt de haut paffage, fur les denrées & marchandifes qui font fujettes à payer ledit droiƈt de
haut paffage, en enfuiuant les Ordonnances de nos predeceffeurs Roys de France & de Nous. Laquelle appreciation cy-
deuant contenuë & fpecifiée, Nous voulons eftre obferuée, gardée & entretenuë par tout noftre Royaume, Pays, Terres &
Seigneuries, par maniere de prouifion, comme dit eft ; & qu'à
cette fin tous les poids & mefures dont l'on a accouftumé vfer
en noftredit Royaume, Pays & Seigneuries, foient reduites &
eualuées au poids & mefure de noftredite Ville de Paris, par
nos Officiers qui auront charge de faire leuer & receuoir nofdits droiƈts, ou autres, & pour ce faire leur feront portez &
enuoyez mefures & poids eftalonnez fur les mefures & poids
de noftredite Ville ; toutesfois s'il fe trouue quelque doute ou
difficulté fur quelques articles de ladite appreciation, pour la
diuerfité des prix d'vn lieu à l'autre, Nous en ferons aduertis
par nofdits Officiers, aufquels Nous enjoignons d'y regarder
foigneufement & diligemment ; & auffi fe pourront retirer
pardeuers Nous lefdits Marchands, fi bon leur femble Nous
en aduertir, & faire remontrances, pour y pouruoir, ainfi que
verrons eftre à faire.

II. Lequel droiƈt d'impofition foraine auons ordonné eftre
leué & cueilly feulement aux extremitez de noftredit Royaume, Pays, Terres & Seigneuries, fuiuant ce qui a efté par Nous
ordonné ledit dixiéme iour de Iuin dernier. Et pour ce que
les Manans & Habitans des Prouinces & lieux efquels nofdites
Aydes n'ont cours, font tenus payer noftredit droiƈt d'impofition des denrées & marchandifes qui font par eux defcenduës,
menées & conduites des autres lieux & endroits contribua-
bles, & fujets aufdites Aydes ; Nous ordonnons aufdits Manans & Habitans de comparoir pardeuant Nous en noftredit
Confeil, dedans fix mois, à compter du iour de la publication de

_cefdites prefentes, pour venir declarer s'ils veulent eftre doref-
nauant fujets à nofdites Aydes, ou payer ledit droiᵈᵗ d'impofition, felon la forme defdites anciennes Ordonnances ; & cependant, par maniere de prouifion, Nous contenterons faire
leuer lefdits droiᵈᵗs aux extremitez defdits Pays fortans hors
de noftredit Royaume, pourueu toutesfois, qu'où ils n'auroient
fait ladite declaration dedans fix mois, ou ne fe feroient chargez par icelle de payer nofdites Aydes, ladite impofition fera
leuée à l'entrée defdits Pays, felon la forme defdites anciennes
Ordonnances.

III. Ayans entendu l'incommodité que lefdits Marchands,
tant regnicoles qu'eftrangers, ont eu ou pû auoir iufques icy,
de payer noftredit droiᵈᵗ d'impofition foraine en vn lieu, le
droiᵈᵗ de refue en l'autre, le droiᵈᵗ de haut paffage en l'autre,
pour vne mefme marchandife ; Et defirans obuier à l'incommodité procedant du fejour & retardement, & leur donner la
plus facile & prompte expedition que faire fe pourra, ayans
foigneufement cherché tous les moyens poffibles, pour en
leuant nofdits droiᵈᵗs faire ceffer les moleftes & vexations
qu'ils pourroient auoir au faiᵈᵗ de leur negociation, Auons
voulu & ordonné, voulons & ordonnons, que nofdits droiᵈᵗs
de refue, qui eft de quatre deniers pour liure, & cinq fols parifis és lieux de parifis, & cinq fols tournois és lieux de tournois,
pour queuë de Vin, & haut paffage, qui eft de fept deniers
pour liure fur aucunes efpeces de marchandifes, foient leuez
fous noftre main aux extremitez de noftredit Royaume, Pays,
Terres & Seigneuries, en la forme & maniere, comme dit a
efté cy-deffus, que fera leué noftredit droiᵈᵗ d'impofition foraine, & par mefmes perfonnes, à la raifon & appreciation deffus dite. Toutesfois s'il y auoit aucuns lieux ou endroits aufquels l'on ait accouftumé de payer lefdits droiᵈᵗs de refue &
haut paffage tels que deffus, du tout ou en partie, & que fous
couleur de cette ancienne jouïffance ceux defdits lieux s'en
voufiffent exempter; Nous entendons que ceux qui pretendent
ladite exemption, foient tenus de comparoir pardeuant Nous
en noftredit Confeil, dedans le temps de fix mois, à compter
comme deffus, pour dire les caufes pour lefquelles ils pretendent icelle exemption ; & iufques à ce qu'il en ait efté deter-
miné,

miné, feront contraints à payer lefdits droicts de refue & haut paffage, ainfi qu'ils ont accouftumé par cy-deuant.

IV. Pour l'obferuation & entretenement du contenu en ces prefentes, feront par Nous eftablis Maiftres des Ports & Gardes aux extremitez de noftredit Royaume, Pays, Terres & Seigneuries, en tel nombre & en tels lieux qu'il fera par Nous aduifé, afin d'obuier aux abus qui fe pourroient commettre au recouurement de nofdits droicts d'impofition foraine, refue & haut paffage; auffi pour empefcher l'entrée & iffuë des denrées & marchandifes prohibées & defenduës, pour receuoir par les Gardes les acquits des Marchands de leurs denrées & marchandifes fortans de noftredit Royaume, & d'iceux faire bons Regiftres pour feruir de Controlle de ce qui en prouiendra, & apres iceux rapporter par lefdits Gardes aufdits Maiftres des Ports, chacun en fon endroit, comme il fera cy-apres declaré.

V. Es bonnes Villes eftans aux limites & extremitez de noftredit Royaume, qui feront plus commodes à la negociation des Marchands trafiquans hors d'iceluy, feront certains lieux ordonnez pour leuer nofdits droicts, les plus aifez & conuenables aufdits Marchands que faire fe pourra; c'eft à fçauoir, és lieux efquels l'on tranfporte lefdites marchandifes par terre, fur les grands chemins ordonnez pour paffer, & és lieux efquels l'on tranfporte lefdites marchandifes par eauë, tant douce que falée, és Havres, Ports & quais les plus frequentez, & à propos que faire fe pourra, efquels lieux les denrées & marchandifes leuées en noftredit Royaume, pour eftre tranfportées hors d'iceluy, feront menées & conduites, pour y eftre pefées, nombrées ou mefurées, felon leurs qualitez, & lefdits droicts acquittez, fuiuant l'appreciation, eftimation & forme cy-deffus declarée.

VI. Ne fera loifible aufdits Marchands, Voituriers, Conducteurs, ou autres perfonnes, faire paffer ne conduire lefdites marchandifes par autres lieux, chemins ou endroits, que par lefdites Villes & lieux ordonnez pour cet effet, fur peine de confifcation defdites marchandifes, & des charettes, mulets, batteaux, nauires, & autres équipages, & d'amende arbitraire; Et declarons toutes autres voyes & chemins, que ceux qui

B

feront ainſi ordonnez, comme dit eſt, obliques, faux paſſa-
ges & détournez, & ſujets auſdites amendes & confiſcations.

VII. Eſquelles Villes & lieux ordonnez & eſtablis pour conduire leſdites marchandiſes, & leuer leſdits droicts, y aura poids
ordonné de par Nous, qui ſera poids de marc, dont la liure ſera
de ſeize onces, & meſures eſtalonnées, pareilles à celles dont
l'on a accouſtumé vſer en noſtredite Ville de Paris, ainſi qu'il
eſt dit cy-deſſus.

VIII. Eſdites Villes & lieux ſeront commis & deputez de
par Nous vn ou deux bons Perſonnages, ou plus, ſi métier eſt,
& l'affluence deſdites denrées & marchandiſes le requiert, pour
icelles faire peſer, nombrer ou meſurer, & apres enregiſtrer,
comme ſera dit cy-apres.

IX. Leſdits Commis & deputez pour faire leſdits poids, &
meſures, chacun en ſon regard, feront bons & loyaux Regiſtres, en la preſence dudit Maiſtre des Ports, ou ſon Lieutenant,
Receueur, ou ſon Commis, comme ſera auſſi dit cy-apres, de
toutes denrées & marchandiſes qui feront conduites eſdits
lieux, & des noms & ſurnoms des Marchands auſquels elles appartiendront, ou des Voituriers & Conducteurs d'icelles, enſemble des poids, meſures, & quantitez; & feront icelles marchandiſes, és preſences deſdits Commis & Deputez, & deſdits
Marchands & Conducteurs, ſi bon leur ſemble, peſées, nombrées ou meſurées, pour apres faire leuer par noſtre Receueur
noſdits droicts d'impoſition foraine, reſue & haut paſſage, dont
toutesfois ſera fait Regiſtre diſtinct & ſeparé pour ce qui pro-
cedera de chacun deſdits droicts reſpectiuement; duquel Regiſtre Nous ſera, comme ſera dit cy-apres, de quartier en quartier enuoyé extraict.

X. Et à ce que leſdits Marchands & Conducteurs deſdites
marchandiſes, ſçachent & entendent ce qu'icelles marchandiſes pour le tranſport d'icelles hors noſtredit Royaume, doiuent
payer pour chacun de noſdits droicts d'impoſition foraine, reſue
& haut paſſage, ſera fait Roolle ou Tableau, contenant l'eua-
luation & appreciation deſdites marchandiſes, mis & attaché
en lieu eminent de chacune Ville & lieu où ſeront leuez noſdits
droicts.

XI. Efdites Villes & lieux qui feront defignez, feront tenus
de faire continuelle refidence fans aucune faute, le Maiftre dés
Ports, ou l'vn de fes Lieutenans, defquels il refpondra, le Rece-
ueur de nos Aydes és lieux où nos Aydes ont cours, ou l'vn des
Commis, duquel il refpondra pareillement ; & és lieux où nos
Aydes n'ont aucun cours, le Receueur de noftre Domaine, ou
autre qui fera deputé par ceux qui feront par Nous commis
pour l'eftabliffement defdits Maiftres des Ports, Lieutenans,
Greffiers, Pefeurs, Mefureurs & Gardes ; lequel Maiftre des
Ports, ou fon Lieutenant, Receueur ou fon Commis, auec les
Pefeurs & Mefureurs deffus dits, feront continuelle refidence,
comme dit eft cy-deffus, aux lieux determinez, pour pefer, mefurer ou nombrer lefdites marchandifes, afin de dépefcher les
Marchands, fans aucun fejour ne retardement, fur peine d'en
refpondre en leur propre & priué nom : Et à mefure que lefdits
Marchands pafferont, feront leurfdites marchandifes pefées,
nombrées ou mefurées refpectiuement, le plus diligemment
que faire fe pourra ; & apres auoir acquitté nos droicts deffus
dits, leur fera baillé acquit, & copie d'iceluy, contenant le
poids & qualité de ladite marchandife, enfemble ce qu'ils auront payé pour nofdits droicts, figné dudit Maiftre des Ports,
ou fon Lieutenant, de noftredit Receueur ou fon Commis, &
de l'vn defdits Pefeurs & Mefureurs ; lequel acquit fera adreffé
aux Gardes du dernier détroit & paffage par lequel lefdits Marchands auront déclaré vouloir paffer, que lefdits Marchands
ou Voituriers laifferont aufdits Gardes qui feront à ladite ex-
tremité ; & la copie d'iceluy retenuë par le Voiturier ou Marchand à qui appartiendra ladite marchandife. Voulons que de
huit iours en huit iours lefdits Gardes foient tenus d'exhiber
& montrer audit Maiftre des Ports, ou fon Lieutenant, fous la
garde duquel il fera eftably, tous les acquits originaux qu'ils
auront receus dés Marchands & Voituriers pendant ledit temps,
afin que ledit Maiftre des Ports ou fon Lieutenant connoiffent
fi lefdits Gardes auront fait exacte diligence de continuelle-
ment cheuaucher le long de la liziere qui leur fera ordonnée,
& s'ils rapporteront les acquits de tous ceux qui auront paffé ;
auffi ne pourront lefdits Marchands paffer par autres détroits
ou détroit, que celuy qui fera declaré & defigné audit acquit.

B ij

XII. Voulons en outre qu'audit lieu où sera estably le poids, se fasse Regiftre par le Greffier dudit Maiftre des Ports, de toutes les marchandifes qui pafferont, & acquitteront, & du poids & quantité d'icelles, & par chacun iour sera ledit Regiftre figné dudit Maiftre des Ports ou fon Lieutenant, de nôftre Receueur ou fon Commis, defdits deux Pefeurs, & dudit Greffier : Se fera pareillement Regiftre de tous les acquits qui fe deliureront aux Marchands par les deffus dits Officiers ; & à la huitaine, quand lefdits Gardes les rapporteront, en fera fait pareillement Regiftre fommairement, pour toufiours voir & entendre la diligence que feront lefdits Gardes.

XIII. Quant aux Villages qui font outre lefdites Villes, efquelles le paffage eft ordonné (pour ce qu'il feroit grandement incommode, que les Habitans defdits Villages fuffent contraints venir efdites Villes pour acquitter nofdits droicts, de ce qu'ils veulent tranfporter de leur crû feulement ;) Nous voulons qu'outre lefdites Villes foient determinez certains lieux, iufques à tel nombre que l'on verra expedient & neceffaire, efquels on eftablira vn Garde, & quelque bon Perfonnage pour receuoir nofdits droicts, & vn autre pour pefer, mefurer ou nombrer ; & lefquels Garde, Receueur & Pefeur, bailleront acquit à ceux qui voudront tranfporter denrées & marchandifes de leur crû feulement ; defquels acquits ils feront tenus faire Regiftre, comme dit eft cy-deffus, & de huit iours en huit iours feront tenus porter lefdits Regiftres, & les deniers en la Ville en laquelle le paffage fera eftably, fous laquelle ils feront erigez ; auquel Commis & Garde defendons tres-expreffément d'acquitter autres denrées & marchandifes, que celles du crû du lieu auquel ils feront deputez, fur peine de confifcation de corps & de biens.

XIV. Efdits lieux où lefdits paffages feront eftablis, feront de mois en mois publiées à fon de trompe toutes les Ordonnances, tant de Nous, que de nos Predeceffeurs, faifans mention des denrées & marchandifes defquelles le tranfport eft prohibé, & de celles defquelles l'entrée eft defenduë, à celle fin que nul n'en pretende caufe d'ignorance, & que lefdits Maiftres des Ports & Gardes faffent fi bien leur deuoir, qu'il n'y ait aucune contrauention, fur peine de Nous en refpondre.

X.V. Faudra que de quartier en quartier noſtre Receueur des Aydes mette entre les mains de noſtre Receueur du Domaine, par ſes ſimples quittances, ce qu'il aura receu pour les droicts de reſue & haut paſſage.

XVI. Inhibons & defendons à tous Marchands, Voituriers & Conducteurs, ou autres perſonnes, de quelque qualité ou condition qu'ils ſoient, faiſans conduire & voiturer hors noſtredit Royaume, Pays, Terres & Seigneuries, denrées & marchandiſes, pour icelles tranſporter hors d'iceux, ſuppoſer & déguiſer aucunes d'icelles calomnieuſement l'vne pour l'autre, ains icelles denrées & marchandiſes ayent à declarer & ſpecifier au vray, ſelon leur nature & qualité, eſdits lieux deputez à leuer noſdits droicts, ſur peine de conſiſcation deſdites marchandiſes ſuppoſées & déguiſées, & de celles qui ſeront trouuées enſemble, auec les charettes, cheuaux, mulets, nauires, batteaux, & autres équipages, leſquelles auons conſiſquées dés à preſent comme pour lors, en la forme que dit eſt cy-deſſus. Voulons en outre & ordonnons, que leſdits Suppoſiteurs & déguiſeurs, ſoient punis comme de crime defaux, & infracteurs de nos Ordonnances.

XVII. Pour obuier aux fraudes que pourroient faire leſdits Marchands, leſquels par moyens exquis cherchent faire paſſer leurſdites denrées & marchandiſes, ſans acquitter noſdits droicts d'impoſition foraine, reſue & haut paſſage, ſeront leſdits Commis & Deputez tenus plomber de ſcel ou marquer icelles marchandiſes qu'ils auront acquitté, auant que permettre icelles eſtre tranſportées hors deſdits lieux à ce ordonnez, à ſçauoir, quaiſſes, balles, tonneaux, coffres, fardeaux, & autres charges, auec vne cordelette de chanvre par le trauers & le long deſdites quaiſſes, balles & charges deſſus dites, à ce qu'iceux Marchands & Conducteurs n'ayent moyen ne faculté de mettre en icelles charges aucune choſe dauantage, outre ce qui ſera contenu en leurſdites lettres d'acquit; & par ce moyen ſera obuié à ce que par iceux Gardes ne puiſſe eſdites extremitez eſtre donné aucun empeſchement auſdits Marchands & Conducteurs, ſous ombre qu'iceux Marchands & Conducteurs, depuis auoir acquitté leſdites marchandiſes, pourroient auoir adjouſté quelque choſe.

XVIII. Defendons aufdits Maiftres des Ports, leurs Lieutenans, Greffiers, Gardes, Commis & Deputez, nos Receueurs & leurs Commis, prendre defdits Marchands & Conducteurs aucun falaire, en quelque façon & maniere que ce foit, pour raifon defdites prifées, nombremens, & mefurages, lettres d'acquit, quittances, & plombemens de leurs denrées & marchandifes, fur peine d'amende arbitraire, & punition corporelle.

XIX. Et outre, verront foigneufement lefdits Maiftres des Ports & Gardes, qu'aucunes denrées & marchandifes ne foient tranfportées & conduites hors noftredit Royaume, par autres voyes & chemins que ceux tendans és Villes & lieux qui feront pour ce ordonnez; & fi aucuns font trouuez paffans par autres voyes, paffages & chemins détournez, ils feront par eux pris & arreftez, & de tout ce qui en fera fait par lefdits Gardes fera par eux fait bon rapport à iceux Maiftres des Ports ou leurs Lieutenans, pour y pouruoir & en ordonner, ainfi qu'ils verront eftre à faire, fuiuant nos Ordonnances.

XX. Auffi ne fera permis ne loifible à aucunes autres perfonnes, de quelque qualité qu'ils foient, fors aufdits Maiftres des Ports & Gardes, ou autres perfonnes ayans mandement exprés de Nous à cette fin, faire ou donner aucun arreft, prife ou empefchement fur lefdites denrées & marchandifes, & fi refpondront iceux Maiftres des Ports, chacun en fon endroit & jurifdiction, des fautes qui feront commifes par lefdits Gardes, fi aucunes s'en trouuent.

XXI. Quant à la Senefchauffée d'Anjou, pour certaines eaufes & confiderations à ce Nous mouuans, Nous voulons que la forme qui a accouftumé eftre gardée de tout temps à leuer noftredit droict d'impofition foraine, & trefpas de Loire, ne foit aucunement changée ne muée en quelque maniere que ce foit, ains foit gardée, obferuée & entretenuë, iufques à ce qu'autrement par Nous y ait efté pourueu.

XXII. Quant à la Traitte foraine de noftre Senefchauffée de Tholoze, pour ce qu'elle a efté baillée à Ferme pour certain temps, qui de brief expirera; Nous voulons que iufques à la fin dudit Bail ne foit rien innoué en la forme & maniere, que l'on a accouftumé de garder à leuer noftredit droict d'impofition foraine en noftredite Senefchauffée. Mais quant à nos droicts de refue & haut paffage, Voulons qu'en nofdites deux Senefchauffées d'Anjou & Tholoze, ce qui a efté cy-deffus ordonné, y foit entierement gardé & entretenu.

XXIII. Voulans obuier à la multitude d'Officiers qu'il Nous conuiendra auoir, tant pour le recouurement de nofdits droicts, que pour la garde des paffages, limites & extremitez de nos Royaume, Pays, Terres & Seigneuries, auffi pour la conferuation & entretenement des Ordonnauces par Nous faites, fur l'entrée, iffuë & tranfport defdites marchandifes; Ordonnons qu'és Charges, Treforeries, & Generalitez de Picardie, Languedoc, outre Seine, Yonne, & Normandie, n'y aura autres Maiftres des Ports, Lieutenans, ne Greffiers inftituez pour le prefent, finon lefdits Eleus & Greffiers de nofdites Elections; aufquels Eleus & Greffiers auons par la teneur de ces prefentes, donné & donnons pareil pouuoir, charge, preéminence & prérogatiue, auec les Receueurs de nofdites Aydes, au recouurement de nofdits droicts d'impofition foraine, refue & haut paffage, que par la teneur de ces prefentes auons donné aufdits Maiftres des Ports, leurs Lieutenans & Greffiers; Voulans en outre que nofdits Eleus, leurs Lieutenans, Receueurs & Greffiers, chacun en fon détroit, és lieux là où nofdits droicts doiuent eftre cueillis, c'eft à fçauoir és extremitez de nos Royaume, Pays, Terres & Seigneuries, ayent la totale charge & adminiftration du recouurement de nofdits droicts; & tout ce qui a efté cy-deffus dit, fous le nom defdits Maiftres des Ports, foit executé fous le nom defdits Eleus; & que lefdits Lieutenans & Gardes que Nous auons ordonné eftre eftablis fous la charge defdits Maiftres des Ports, feront eftablis fous la charge defdits Eleus, chacun en fon regard, reffort & jurifdiction.

XXIV. Auront auffi la totale jurifdiction & connoiffance, priuatiuement à tous autres, de ce qui concerne nofdits droicts d'impofition foraine, leurs circonftances & dependances, comme il eft contenu en nos Ordonnances fur le faict de ladite impofition foraine: Et quant à nos droicts de refue, domaine forain & haut paffage, pour ce que pour la commodité des Marchands, tant nos Subjets qu'eftrangers, Auons ordonné iceux

eſtre receus par meſme forme & moyen, & par meſmes perſonnes, que noſtredit droiɛt d'impoſition foraine ; Voulons auſſi
que la juriſdiɛtion & connoiſſance des cauſes & differends qui
ſe pourroient mouuoir au recouurement de noſdits droiɛts de
reſue, domaine forain & haut paſſage, en appartienne par pro-
uiſion à noſdits Eleus, iuſques à ce qu'autrement par Nous en
ſoit ordonné ; Auront auſſi noſdits Eleus la connoiſſance des
contrauentions qui ſe feront à noſdites Ordonnances, concernans le faiɛt du tranſport, entrée & iſſuë deſdites denrées &
marchandiſes : Deſquelles matieres, par la teneur de ces preſentes leur auons commis & attribué la juriſdiɛtion en premiere
inſtance, priuatiuement à tous autres, comme dit eſt cy-deſſus,
& par appel, en dernier reſſort & ſouueraineté, aux Gens de
nos Cours des Aydes, chacun en leur regard. Et quant és
autres Charges, Treſoreries, & Generalitez de noſtre Royaume, c'eſt à ſçauoir, Languedoc, Bourgogne, Guienne, Sauoye,
& Piedmont, ſeront eſtablis Maiſtres des Ports, Lieutenans,
Gardes, Peſeurs, Meſureurs & Greffiers, comme cy-deſſus eſt
dit, és lieux là où il n'y en a eu par cy-deuant inſtituez, leſquels auront la totale charge, connoiſſance & juriſdiɛtion ſur
le recouurement de noſdits droiɛts d'impoſition foraine, reſue
& haut paſſage, comme dit a eſté amplement cy-deſſus, leſquels
ſe receuront par nos Treſoriers & Receueurs ordinaires, chacun en ſa Charge, & non par autre.

XXV. Pour certaines cauſes & conſiderations à ce Nous
mouuans, ayans eſgard à la grande multitude des denrées &
marchandiſes qui ont accouſtumé de ſortir par noſtre Duché
de Normandie, Ordonnons noſtredit droiɛt d'impoſition foraine eſtre cueilly & leué par les Receueurs de nos Aydes, comme
amplement a eſté déduit cy-deſſus; Et quant aux droiɛts de reſue, domaine forain, & haut paſſage, ſeront cueillis & receus
par nos Vicomtes & Receueurs ordinaires dudit Pays, en la
forme que deſſus, audit Pays & Duché de Normandie ſeulement.

XXVI. Enjoignons à noſdits Receueurs enuoyer l'Eſtat
au vray de la valeur de noſdits droiɛts, aux Treſoriers de France
& Generaux de nos Finances, reſpeɛtiuement chacun en ſa
Charge, ſigné de ceux qui auront aſſiſté auec eux, & ce de

quartier

quartier en quartier, fans aucune conniuence ou diffimula-
tion, defquels en fera par lefdits Treforiers & Generaux enuoyé à noftre amé & feal Chancelier vn double, afin que l'on
puiffe entendre la certitude & vraye valeur des chofes deffus
dites, & ce qui en reuiendra bon à noftre profit par chacun
defdits quartiers, & à cette fin Nous en eftre fait Eftat.

XXVII. Quant à l'eftabliffement defdits Maiftres des
Ports, Lieutenans, Gardes, Pefeurs, Mefureurs & Greffiers,
& des lieux efquels fe receuront nofdits droicts, & de ce qui
concerne l'entiere execution de ces prefentes, Nous en auons
par la teneur de ces prefentes attribué la charge totale à nofdits Treforiers & Generaux, refpectiuement chacun en fon
regard, felon les Commiffions qui leur feront par Nous dé-
pefchées, aufquels enjoignons là où ils trouueront aucuns
Maiftres des Ports, Lieutenans & Gardes, n'eftre de prefent
aux extremitez de noftredit Royaume, Pays, Terres & Seigneuries, & par ce moyen du tout invtiles, qu'ils ayent à
les tranfmuer és extremitez de noftredit Royaume, en leur
eftabliffant autres Sieges, refforts & détroits, és lieux les plus
à propos & conuenables au recouurement de nofdits droicts
que faire fe pourra, felon le contenu en ces prefentes.

SI donnons en mandement à nos amez & feaux les Gens
de nos Cours de Parlement, de nos Comptes, Treforiers
Generaux, &c. Donné à Tonnerre le vingtiéme iour d'Avril,
l'An de grace mil cinq cens quarante-deux ; & de noftre Regne le vingt-huitiéme. Ainfi figné, FRANÇOIS. Et
au deffous, Par le Roy eftant en fon Confeil, Ainfi
figné, BAYARD.

EDICT DV ROY NOSTRE SIRE,

*sur l'entrée des Drogueries & Espiceries venans
des Pays estrangers en France, de l'année
mil cinq cens quarante-neuf.*

ENRY par la grace de Dieu Roy de France,
Comte de Prouence, Forcalquier, & Terres adja-
centes : A tous ceux qui ces presentes Lettres
verront, Salut. Comme le feu Roy, nostre tres-
honoré Seigneur & Pere, que Dieu absolue, en
ensuiuant les anciennes Ordonnances de nos Predecesseurs Roys, eust par ses Edicts dés le 22. iour d'Octobre
1539. 15. iour de Nouembre 1540. & 23. iour de Feurier 1541.
leus, publiez & enregistrez où besoin estoit, inhibé & defendu
à toutes personnes quelconques, de faire entrer, descendre, ne
distribuer en cettuy nostre Royaume, Pays, Terres & Seigneuries de nostre obeissance, aucunes sortes d'Espiceries & dro-
ries, de quelque part qu'elles peussent venir, fust des parties
de Leuant, de Ponant, ou d'ailleurs, si ce n'estoit qu'elles fus-
sent abordées, descenduës, ou deschargées aux Ports & Havres maritains de nostredit Royaume, Pays, Terres & Seigneuries, venans droit des Pays estrangers, non regratées ne reuenduës, en payant pour icelles les droicts anciens & accoustumez,
sur peine de punition corporelle, de confiscations de leurs
biens, & desdites Espiceries & drogueries. Et puis par autre son
Edict du 25. iour de Mars 1543. auant Pasques, aussi leu & pu-
blié où besoin a esté, ait par bonne & meure deliberation des
Princes de nostre Sang, & autres grands & notables Personna-
ges de son Priué Conseil, zelateurs du bien public de nostredit
Royaume ; Et pour plusieurs bonnes causes & considerations,
à plein contenuës & declarées audit Edict, par Loy, Statut &
Ordonnances irreuocables, prohibé & defendu à tous nos Subjets generalement, & quelconques Marchands estrangers, Facteurs, Entremetteurs, & tous autres de quelque qualité qu'ils

fuſſent, de n'acheter dés lors en auant aucunes Eſpiceries ne
drogueries en la Ville d'Anvers ny ailleurs és Pays de l'Empereur, fuſt en temps de Paix ou de guerre, ne d'iceux en faire
conduire, venir, ne amener en iceluy noſtre Royaume, & Pays
de noſtre obeïſſance, par mer ou par terre, directement ou in-
directement en quelque maniere que ce fuſt, ſur peine, la premiere fois de confiſcation deſdites Eſpiceries & drogueries,
enſemble de toutes les autres marchandiſes auec leſquelles
elles ſe trouueroient meſlées & conduites ; Et pour la ſeconde
fois, d'eſtre punis comme infracteurs deſdites Ordonnances &
defenſes. Et afin que nos Subjets ſe peuſſent mieux à l'aduenir
pouruoir & fournir deſdites Eſpiceries & drogueries, à meilleur
prix & marché qu'ils n'auoient accouſtumé de les auoir & acheter par le paſſé, leur ait eſté donné congé par ledit Edict, licence
& permiſſion, enſemble à tous autres Marchands eſtrangers,
non eſtans ſubjets dudit Empereur, ny du Roy d'Angleterre,
tant qu'ils feroient nos ennemis, de pouuoir aller querir & acheter és Pays tant de Portugal, de Leuant, qu'Italie, toutes Eſpiceries & drogueries neceſſaires pour noſtredit Royaume, & en
iceluy les conduire, amener & deſcharger ; c'eſt à ſçauoir, celles qui viendroient par la Mer Oceane, en nos Ville, Port &
Havre de Roüen ; celles qui viendroient par la Mer Mediterranée, en nos Ville, Port & Havre de Marſeille ; & celles qui viendroient par terre, en noſtre Ville de Lyon tant ſeulement, &
non par ailleurs que par ces voyes, lieux & endroits, ſur les
peines deuant dites. Et feroient leſdits Marchands deſdites Eſpiceries & drogueries tenus auant que de les faire deſcendre
ne deſcharger en aucuns deſdits lieux, de notifier & faire à ſçauoir l'arriuée d'icelles aux Receueurs & Controlleurs eſtablis
ſur le faict de la gabelle deſdites Eſpiceries, & de leur dire &
faire entendre au vray la qualité & quantité de ladite marchan-
diſe, ſans en rien diſſimuler ne receler, ſur peine de confiſquer
& perdre ce qu'ils feroient autrement entrer & deſcharger, afin
de payer par eux entierement le droict de ladite gabelle à la
deſcente & entrée, c'eſt à ſçauoir, deux eſcus pour quintal de
poyures, gingembres, noix muſcades, canelles, noaſſes, clouds
de girofle, & bois de giroflée de toutes ſortes ; & pour toutes
autres ſortes d'eſpiceries & drogueries, à raiſon de quatre pour

cent du prix & valeur d'icelles, selon l'appreciation qui en auoit
esté faite en l'année precedente 1542. pour seruir à l'imposition
foraine : Et apres auoir payé & acquitté ledit droict de gabelle,
sans aucune fraude sur lesdites peines indictes, lesdits Marchands & Conducteurs pourroient faire sortir lesdites Espiceries & drogueries, pour les vendre & debiter en tels lieux &
endroits de nostredit Royaume, & par tout ailleurs hors d'iceluy qu'ils aduiseroient, franchement & quittement, sans payer
aucuns autres droicts, tributs, subsides, ny impositions quelconques, en apportant certification deuëment faite, & signée
des Receueurs & Controlleurs, és mains desquels ils auroient
payé & acquité ledit droict de gabelle, en l'vn desdits trois lieux,
de Roüen, Marseille ou Lyon, où lesdits Receueurs & Controlleurs ont esté establis, suiuant la creation & erection qui
en a esté faite par ledit Edict, aux gages & droicts declarez en
iceluy. Et combien que ledit Edict, tant vtile & profitable à
nostredit Royaume, Pays, Seigneuries, & Subjets de nostre
obeïssance, pour auoir moyen de recouurer lesdites Espiceries
& drogueries, tant de Leuant que de Ponant, à prix raisonnable, non regratées ne reuenduës, deust auoir esté obserué &
entretenu, sans aucunement venir au contraire, & nosdits droicts
de gabelle bien & loyaument payez & acquittez, attendu mesmement qu'ils ne sçauroient reuenir à la moitié de ce qu'ils de-
vroient monter, si ladite appreciation desdites Espiceries & drogueries estoit faite selon la iuste & raisonnable valeur d'icelles:
Ce neantmoins Nous auons esté aduertis, qu'ayans lesdits
droicts de gabelle esté baillez à main ferme à aucuns pour cinq
années, commençans le huitiéme iour d'Avril audit an 1543.
& finissans à semblable iour les cinq ans reuolus, à la charge
que lesdits cinq ans durant lesdits Receueurs & Controlleurs
n'auroient aucune connoissance desdits droicts, & ne s'entre-
mettroient aucunement d'en faire recepte ne controlle, ainsi
qu'il est porté par le contract sur ce fait ; iceux Marchands Fermiers, soit par negligence, intelligence, dissimulation ou autrement, ont esté si peu soigneux de faire payer & acquitter lesdits droicts de gabelle desdites Espiceries & drogueries entrées
& descenduës en nostredit Royaume, suiuant ledit Edict, & de
poursuiure les amendes & confiscations des abus & contrauen-

tions faites à iceluy, que la meilleure & plus grande partie defdites Efpiceries & drogueries, contenuës & declarees par le menu en ladite appreciation faite pour noftredite impofition foraine, font entrées & defcenduës quittement & franchement,
fans aucune pourfuitte ne querelle du payement de nofdits
droiᵭs de gabelle, ne de la confifcation d'icelles, ains en ont
compofé, & accordé lefdits Fermiers auec lefdits Marchands &
Conduᵭeurs, comme bon leur a femblé, afin qu'ils ne fuffent,
comme il eft à prefumer, aucunement moleftez fur ladite Ferme ainfi à eux baillée; comme dit eft, & que l'on n'euft aucune
connoiffance du grand profit qu'ils y pourroient faire, efperant
par ce moyen auoir prolongation de leurdit Bail, ou en auoir
vn autre encore plus à leur auantage que le premier : De forte
que Nous voulons faire leuer & cueillir lefdits droiᵭs de gabelle fous noftre main, par lefdits Receueurs & Controlleurs,
fuiuant la teneur & forme dudit Edit; lefdits Marchands & Conduᵭeurs, défja accouftumez par la nonchalance, collufion ou
intelligence defdits Fermiers, de ne payer aucun droiᵭ, ou bien
petit, de la plufpart defdites Efpiceries & drogueries fpecifiées
& defignées par le menu en ladite appreciation, comme dit
eft, pourroient à toutes heures alleguer la plufpart d'icelles
n'eftre de la qualité & nature des autres dont ils ont accouftumé payer, & fur ce former & engendrer plufieurs procez &
querelles à l'encontre de Nous & de nofdits Officiers, au grand
retardement & diminution de nofdits droiᵭs de gabelle & confifcation; & pis encore pourroit aduenir, fi fur ce n'eftoit par
Nous pourueu de remede conuenable.

I. Novs, Pour ces caufes, & autres bonnes & iuftes confiderations à ce Nous mouuans, fçauoir faifons, que defirans
fingulierement ledit Ediᵭ eftre inuiolablement entretenu &
obferué, pour le bien, conferuation & augmentation de la chofe
publique de noftredit Royaume, & de nofdits droiᵭs & domaine; eu fur ce l'aduis & deliberation d'aucuns des Princes
de noftre Sang, & autres grands & notables Perfonnages de
noftre Confeil Priué, Auons de noftre certaine fcience, pleine
Puiffance & Authorité Royale, en fuiuant, amplifiant, & declarant ledit Ediᵭ de noftredit feu Seigneur & Pere dudit 25. iour
de Mars audit an 1543. voulu, ftatué & ordonné, voulons, fta-

tnons & ordonnons, par Loy, Statut & Ordonnance irreuoca-
ble, que lefdits droicts de gabelle fur lefdites Efpiceries & drogueries, feront leuez & cueillis fous noftre main, par lefdits
Receueurs & Controlleurs eftablis efdites Villes & lieux de
Roüen, Marfeille & Lyon, chacun en fon regard, felon la forme & teneur dudit Edict ; C'eft à fçauoir, fur lefdits poivres &
gingembres, noix mufcades, canelles, noaffes, clouds de girofle, & bois de giroflée de toutes fortes, deux efcus pour quintal ; Et fur toutes autres fortes d'Efpiceries & drogueries, à
raifon de quatre pour cent du prix & valeur d'icelles, felon l'appreciation qui en a efté faite pour noftredit droict d'impofition
foraine, à Tonnerre, le vingtiéme iour d'Avril 1542.

II. En quoy voulons & entendons eftre comprifes & entenduës toutes les fortes d'Efpiceries & drogueries fpecifiées
& declarées par ladite appreciation, fous le chapitre cotté, Efpiceries, drogueries de toutes fortes, &c. fans aucunes excep-
ter ny referuer, fors & excepté celles qui auront crû en noftredit Royaume & Pays de noftre obeïffance, nonobftant que par
auanture lefdits Fermiers en ayent laiffé defcendre & defcharger aucunes durant leurdit Bail, fans en faire payer lefdits
droicts, comme dit eft, que ne voulons & n'entendons nuire ne
preiudicier à l'aduenir en aucune maniere au payement d'iceux
droicts, & entiere execution dudit Edict.

III. Suiuant lequel Edict, Nous auons auffi inhibé & defendu, inhibons & defendons tres-expreffément à tous Marchands, Facteurs & Entremetteurs, foient nos Subjets ou eftrangers, & tous autres de quelque qualité qu'ils foient, que dorefnauant ils n'ayent plus à acheter aucunes Efpiceries ne drogueries, regratées & reuenduës, foit en temps de Paix ou de guerre,
pour icelles faire venir, amener & conduire en iceluy noftre
Royaume, foit par mer ou par terre, directement ou indirecte-
ment en quelque maniere, fur les peines indictes, tant par ledit Edict, qu'autres precedens & anciennes Ordonnances : Mais
auons, fuiuant ledit Edict, donné & donnons congé, licence
& permiffion à nofdits Subjets, enfemble à tous autres Marchands eftrangers, non eftans Subjets de nos ennemis, de pouuoir aller querir toutes fortes d'Efpiceries & drogueries, &
telle quantité que bon leur femble, és Pays tant de Portugal,

Leuant, Italie, que tous autres où elles croiſſent & ſont faites, non regratées ne reuenduës, comme dit eſt, & icelles faire conduire, amener & deſcharger en iceluy noſtredit Royaume ; c'eſt à ſçauoir, toutes celles qui viendront par ladite Mer Oceane, en noſtredite Ville, Port & Havre de Roüen ; celles qui viendront par ladite Mer Mediterranée, en ladite Ville de Marſeille ; & celles qui viendront par terre, en ladite Ville de Lyon, tant ſeulement, & non par ailleurs que ces trois lieux & endroits, ſur les peines contenuës audit Edict.

IV. Seront tenus leſdits Marchands & Conducteurs, auant que les faire deſcharger en aucuns deſdits lieux, de notifier & faire à ſçauoir l'arriuée d'icelles aux Receueurs & Controlleurs y eſtablis, chacun en ſon regard, afin qu'ils connoiſſent & entendent la qualité & quantité deſdites Eſpiceries & drogueries, & que ſi beſoin eſt, ils les faſſent peſer és poids par Nous eſtablis pour noſtredite impoſition foraine, ou autres, pour eſtre payez entierement & ſans fraude, de noſdits droicts de gabelle, à la raiſon cy-deuant dite, ſur peine de confiſquer & perdre tout ce qu'ils feroient autrement entrer & deſcharger, enſemble tous les nauires, vaiſſeaux, chariots, charettes, mulets & cheuaux portans & conduiſans leſdites Eſpiceries & drogueries, & auſſi les marchandiſes de quelque qualité qu'elles ſoient qui ſe trouueront meſlées parmy, ſi elles ſont ou appartiennent à celuy auquel leſdites Eſpiceries ou drogueries appartiendront, ou à celuy qui les fera voiturer & conduire, auec telle punition & amende contre leſdits Marchands, Facteurs ou Conducteurs, que les anciennes Ordonnances les contiennent, & que les tranſgreſſeurs d'icelles le meritent.

V. Voulons tous leſdits Marchands & autres qui ſeront tenus au payement d'iceux droicts, y eſtre contraints reellement & de fait, & par toutes voyes accouſtumées en nos propres debtes & affaires ; Et apres auoir payé & acquitté noſtredit droict de gabelle à ladite entrée & deſcente, ainſi que deſſus, ſans aucune fraude, par les quittances deſdits Receueurs & Controlleurs ; par leſdits Controlleurs reſpectiuement leſdits Marchands pourront vendre ou faire vendre, diſtribuer & debiter leſdites Eſpiceries ou drogueries, en tels lieux ou endroits de noſtre Royaume, Pays, Terres & Seigneuries de noftre obeïffance, que bon leur femblera, & par tout ailleurs hors noftredit Royaume, franchement & quittement, fans Nous payer autres droicts, fubfides, ny impofitions quelconques, en montrant toutesfois & faifant apparoir de certification deuë-ment faite & fignée defdits Receueurs & Controlleurs, comme ils auront payé & acquitté noftredit droict de gabelle en l'vn defdits lieux de Roüen, Marfeille ou Lyon; en quoy toutesfois n'entendons eftre comprifes & entenduës les Efpiceries creuës en noftredit Royaume, pour lefquelles pour n'auoir payé aucun droict d'entrée, Nous voulons eftre payez nos droicts d'impofition foraine, refue & haut paffage, fuiuant nos Edicts fur ce faits.

VI. Lefquelles certifications & quittances que lefdits Receueurs & Controlleurs feront tenus de bailler & deliurer aufdits Marchands & Conducteurs, en payant raifonnablement, contiendront la qualité & quantité defdites Efpiceries & drogueries, dont ils auront payé lefdits droicts, le lieu auquel ils auront fait ledit payement, les lieux & endroits de noftredit Royaume où ils les voudront faire vendre & debiter, & les lieux par lefquels ils les voudront faire tranfporter hors noftredit Royaume, fi aucuns ils veulent faire tranfporter, pour euiter qu'en defraudant nofdits droicts de gabelle, ils n'en debitent, diftribuënt & tranfportent plus grande quantité qu'ils n'en auront payé & acquitté; & à cette fin ne pourront lefdits Marchands faire aucune diftribution & tranfport defdites Efpiceries & drogueries, tant en noftredit Royaume, que hors iceluy, que premierement ils n'ayent prefenté leurfdites certifications à nos Officiers faifans leur refidence és lieux où ils les voudront vendre ou faire vendre, ou faire fortir hors noftredit Royaume; lefquelles certifications demeureront és mains de nofdits Officiers, afin que lefdits Marchands & Conducteurs ne s'en puiffent aider pour plus d'vne fois, & voulons qu'elles ne foient valables ne receuables apres vn an de la datte d'icelles.

VII. Et à faute de faire apparoir defdites certifications auant que de faire ladite diftribution & tranfport, Voulons qu'il foit procedé à l'encontre defdits Marchands & Conducteurs, par les peines deuant dites, tant de confifcation que de

punition,

punition, fi ce n'eſtoit que leſdites certifications euſſent eſté perduës ou adirées, auquel cas ils en aduertiront noſdits Officiers, qui leur donneront temps legitime, eû égard à la diſtance des lieux pour en recouurer d'autres, s'il eſt beſoin, par extrait des regiſtres deſdits Receueurs & Controlleurs, és mains deſquels ils diront auoir payé & acquitté iceux droits, & ledit temps paſſé, ſera procedé comme deſſus ſans aucun delay ; & neantmoins demeureront cependant leſdites Eſpiceries & drogueries ſaiſies & arreſtées és mains de juſtice.

VIII. Et afin que les ſignatures de noſdits Receueurs & Controlleurs ou leurs Commis, preſens & à venir, ne ſoient falcifiées ou ſuppoſées par leſdits Marchands, ou autres qui s'en voudront aider, Nous voulons qu'au bas deſdites certifications elles ſoient reconnuës & approuuées par Notaires, Tabellions, ou autres perſonnes publiques, qui certifieront en auoir bonne connoiſſance, & autrement ne ſeront leſdites certifications d'aucune valeur.

IX. Et pour ce que durant la guerre il ſe fait pluſieurs priſes tant par mer que par terre, entre leſquelles ſe trouuent ſouuent aucunes ſortes d'eſpiceries & drogueries, leſquelles, ceux qui font leſdites priſes, portent & deſchargent indifferemment au premier havre, port, ou lieu que bon leur ſemble, & illec les vendent & diſtribuënt à leur plaiſir, au grand preiudice & diminution de noſdits droiⅽts de gabelle, dont nous ſommes par ce moyen fruſtrez ; Nous voulons & ordonnons que leſdites Eſpiceries & drogueries aïnſi priſes durant la guerre ou autrement, ſoient de la meſme condition des autres venans droiⅽt deſdits païs de Portugal, Leuant, Italie, & autres, & icelles eſtre déchargées en l'vn deſdits trois lieux de Roüen, Marſeille ou Lyon, & payer noſdits droiⅽts de gabelle comme les autres, ſur les peines deuant dites.

X. Et aduenant que par fortune de vent, impetuoſité, & tempeſte de mer, ou par chaſſe, ou pourſuite d'ennemis & aduerſaires, leſdits Marchands, Faⅽteurs, Mariniers, ou autres Conduⅽteurs deſdites Eſpiceries & drogueries, fuſſent contraints par mer ou par terre, de les faire arriuer en autres lieux, villes, ports & havres, que les deſſus dits, de Roüen, Marſeille ou Lyon, où elles doiuent eſtre déchargées tant ſeulement, ſuiuant

D

ledit Edict : Nous leur defendons neantmoins de les faire décharger esditslieux, sur les peines deuant dites, si quelque temps apres leurdite arriuée en iceux lieux, il leur est aucunement loisible, soit par changement de temps, ou quietude & retraite desdits ennemis, de les pouuoir transporter en l'vne desdites villes, ports & havres de Roüen, Marseille ou Lyon, pour y estre payez & acquittez nosdits droits de gabelle és mains desdits Receueurs, comme dit est : Et au cas que seurement & sans éminent peril ou danger desdits ennemis, lequel ne peut estre éuité, il ne leur estoit possible transporter lesdites Espiceries esdits lieux de Roüen, Marseille ou Lyon, & pour cette cause ou autre legitime, & hors de toute suspicion, de fraude ou cautelle, où l'on ne peust dedans brief temps & sans tref-grand interest desdits Marchands, donner ordre & remede, il estoit force de les faire décharger ailleurs qu'esdits lieux de Marseille, Lyon & Roüen, & de ce ils eussent deuëment informé les Officiers residens au lieu auquel ils seroient contraints décharger lesdites Espiceries ou drogueries, nostre Procureur appellé ; Nous voulons toutesfois, sous lesdites peines, qu'auant qu'ils les puissent vendre, distribuer, debiter ou transporter, ils en fassent aduertir ceux de nosdits Receueurs & Controlleurs és mains desquels ils devront payer nosdits droicts de gabelle, afin qu'ils se transportent ou enuoyent pardeuers eux, pour recouurer iceux droicts sur lesdites Espiceries & drogueries ; lesquelles cependant seront mises en bonne & seure garde, le tout aux despens desdits Marchands, que nous voulons estre contraints par les Iuges & Officiers desdits lieux sur ce requis, à payer les frais du voyage de nosdits Receueurs & Controlleurs, ou leurs Commis, suiuant la taxe qui leur en sera faite par lesdits Iuges, que de ce faire nous auons authorisez, tant pour aller, sejourner, que retourner, eû égard à la distance desdits lieux & qualité des personnes, si ce n'estoit que lesdits Receueurs & Controlleurs eussent aucuns Commis esdits lieux qui peussent à ce satisfaire, auquel cas lesdits Marchands ne payeront que le port & voicture de nosdits droicts, iusques au lieu ou s'en deuoit faire le payement : Et à cette fin & autres dependantes de l'execution du contenu en cesdites presentes, auons permis & permettons ausdits Receueurs & Controlleurs auoir Commis en tous

lieux qu'ils aduiseront à leurs perils & fortunes : & apres le payement fait de nosdits droicts és mains desdits Receueurs ou leursdits Commis, par leurs quittances controllées par lesdits Controlleurs ou leursdits Commis, pourront lesdits Marchands faire vendre & debiter lesdites Espiceries ou drogueries où bon
leur semblera, selon la forme & maniere cy-deuant declarée.

XI. Et pour faire cesser, s'il est possible, toutes tromperies,
transgressions, fautes & abus, cautelles & maluersations que
peuuent faire & commettre lesdits Marchands, Facteurs, Entremetteurs, Conducteurs, & tous autres, sur le fait desdites
Espiceries & drogueries, au preiudice & diminution de nosdits
droicts de gabelle ; Et pour mieux les éclaircir & faire connoistre, Nous voulons, ordonnons, & Nous plaist, que lesdits
Receueurs & Controlleurs de nosdits droicts de gabelle establis esdites villes de Roüen, Marseille & Lyon, où leursdits
Commis deuëment authorisez par eux, puissent, & leur soit
loisible en tous lieux & endroits de nostredit Royaume, Païs,
Terres & Seigneuries de nostre obeïssance, toutesfois & quan-
tes qu'ils trouueront ou rencontreront, soit par recherche ou
cas fortuit, aucunes denrées ou marchandises quelles qu'elles
soient, descenduës en places, greniers, salles, halles, celliers,
magazins, granges, ou maisons, ou portées ou conduites sur
nauires, batteaux, chariots, charettes, mulets, ou autrement
empacquetées & emballées en balles, caisses, pacquets, fardeaux, tonneaux, ou autres équipages, de sorte que l'on n'en
puisse clairement connoistre la qualité ; faire jurer & accertai-
ner par serment solemnel lesdits Marchands, Facteurs, Entremetteurs, & autres Gardes & Possesseurs ou Conducteurs d'i-
celles, s'il y a aucunes Espiceries ou drogueries de la qualité
dessus dite dedans lesdites caisses, balles, pacquets & fardeaux,
contre la teneur & intention de nosdites Ordonnances, ou
desquelles nosdits droicts de gabelles n'ayent esté payez & acquittez ; & apres ledit serment fait, pourront lesdits Receueurs, Controlleurs, ou leursdits Commis, si bon leur semble,
à leurs perils & fortunes, faire faire ouuerture & visitation de
cinq ou six desdites caisses, balles, pacquets, tonneaux, fardeaux, & autres vaisseaux, pour voir si dedans se trouueroit
aucunes desdites sortes d'Espiceries ou drogueries, contre leur

D ij

ferment & affirmation, afin que s'il s'en trouue ils les faififfent & arreftent incontinant, pour eftre procedé contr'eux en la propre forme & maniere que deffus, & à la rigueur defdites Ordonnances, tant par confifcation que punition corporelle & amandes. Et là où ils confefferont liberalement aucunes defdites Efpiceries ou drogueries eftre meflées ou cachées parmy lefdites marchandifes, il fera feulement procedé à la faifie & confifcation d'icelles Efpiceries ou drogueries, à quoy Nous voulons & ordonnons tres-expreffément tous Maiftres des Ports ou leurs Lieutenans, vacquer & entendre diligemment, & auec la plus grande briefueté & fincerité de juftice que faire fe pourra, fur peine de Nous en refpondre en leurs propres & priuez noms; en enjoignant aufdits Marchands, Facteurs, Entremetteurs, Gardes & Conducteurs d'y obeïr, fur peine d'eftre punis comme rebelles & def-obeïffans.

X I I. Et afin qu'encore plus clairement & apertement on puiffe découurir & connoiftre les tromperies, fautes & abus commis fur le recellement defdites Efpiceries & drogueries, & defraudation de nofdits droicts, Nous voulons & nous plaift, que toutes perfonnes quelconques foient receus à en faire denonciation & verification, fans aucune fraude, toutesfois pardeuant lefdits Maiftres des Ports, ou leurfdits Lieutenans, par lefquels il fera procedé auec toute diligence contre les delinquans par lefdites peines de confifcation, punition & amendes; pour le payement defquelles amendes, lefdits delinquans condamnez tiendront prifon iufques à fin dudit payement.

XIII. Et à ce que noftre profit foit mieux gardé aufdites confifcations & amendes, Nous voulons, ordonnons & nous plaift, que toutes lefdites Efpiceries, drogueries, marchandifes, & autres chofes qui nous pourront eftre adjugées à ladite dénonciation, foient incontinent apres icelle dénonciation, s'il y a apparence par preuue, ou préfomption vehemente, faifies & arreftées en noftre main, enfemble lefdits Marchands & Conducteurs, & baillées en garde à gens reffeans & foluables, iufques à ce que la condemnation ou abfolution en ait efté faite; apres laquelle feront, s'il fe trouue ladite faifie auoir efté mal faite, incontinent renduës à iceux Marchands;

ou bien au contraire, s'il se trouue auoir esté deuëment faite, venduës au plus offrant & dernier encherisseur, à nostre profit, à iours de marché, ou à son de trompe & cry public, ainsi qu'il est accoustumé, és lieux où lesdites condemnations seront faites, sans qu'il soit donné aucune main-leuée ou deliurance à caution desdites choses arrestées auant lesdites Sentences & condemnations, sur peine de priuation d'offices à nosdits Officiers qui feront le contraire.

XIV. Lesquels Officiers, Nous voulons appeller auec eux lesdits Receueurs & Controlleurs, ou leursdits Commis deuëment authorisez, comme dit est, quand ils seront ou se trouueront és lieux où les procez desdits abus & maluersations seront meuz & intentez, afin d'estre & assister tant à l'instruction qu'au jugement desdits procez, où nous voulons qu'ils y ayent voix & opinion, & mesmement à la vente & deliurance des choses qui nous seront adiugées par confiscation, pour auoir l'œil & tenir la main à la conseruation de nosdits droicts: Et là où lesdits Receueurs & Controlleurs, ou leursdits Commis ne pourroient ou ne voudroient y assister, lesdits Iuges ne laisseront de passer outre, apres toutesfois les auoir deuëment appellez, car autrement ne voulons leurs Sentences & Iugemens auoir aucun effet ou valeur.

XV. Voulons tous les deniers qui prouiendront desdites confiscations & amendes à l'occasion dessus dite, estre mis & deliurez entierement és mains desdits Receueurs de nosdits droicts de gabelle, ou de leurs quittances controllées par lesdits Controlleurs ou leursdits Commis, és lieux & endroits où lesdits Receueurs & Controlleurs seront, ou y auront Commis deuëment authorisez, comme dit est, ou en leur absence és mains de nos Receueurs qui seront à main & à propos, lesquels toutesfois enuoyeront iceux deniers incontinent apres & dedans vn mois pour le plus tard, sur peine du quadruple, és mains de celuy desdits Receueurs de nostredite gabelle, auquel les droicts de gabelle desdites Espiceries & drogueries ainsi confisquées deuoient estre payez & acquittez, ou qui sera le plus prochain du lieu où sera faite ladite adjudication ; pour le port & voicture desquels deniers, nous voulons leur estre fait taxes raisonnables par lesdits Iuges, sur lesdits deniers des-

dites confiſcations, auſquels Iuges nous auons donné & donnons pouuoir de ce faire.

XVI. Et afin que leſdits Receueurs, Controlleurs, & leurſdits Commis, & tous autres quelconques, ſoient plus enclins
& curieux d'auoir l'œil & prendre garde auſdites tranſgreſſions
& defraudations de noſdits droicts de gabelle, Nous voulons
& ordonnons, & nous plaiſt, que la quarte partie franche deſdites confiſcations & amendes ſoit adjugée entierement à celuy
ou ceux à la denonciation, pourſuite & diligence deſquels deuëment prouuée &,verifiée, leſdites confiſcations & amendes
nous auront eſté & ſeront adjugées ; & en rapportant par leſdits Receueurs qui receuront leſdites confiſcations & amandes,
le vidimus de ces preſentes pour vne fois, & le dicton des Sentences deſdits Officiers, par leſquelles ils auront adjugé ladite
quarte partie franche auſdits denonciateurs, auec les quittances d'iceux denonciateurs ſur ce ſuffiſantes tant ſeulement,
Nous voulons leſdits Receueurs eſtre tenus quittes & deſchargez, en leurs comptes de ladite quarte partie deſdites confiſcations & amandes, par nos amez & feaux les Gens de nos
Comptes, auſquels nous mandons ainſi le faire ſans aucune
difficulté.

XVII. Et pour obuier que leſdites amandes & confiſcations
ne ſoient eſgarées apres l'adiudication qui nous en ſera faite,
nous voulons que noſdits Officiers reſpectiuement enuoyent le
pluſtoſt que faire ſe pourra, & de quartier en quartier pour le
moins, vn roolle ou certification ſignée de leurs mains, ou de
leur Greffier, deſdites amandes & confiſcations qui par eux
nous auront eſté adiugées à l'occaſion deſſus dite, ſi aucunes
en y a, pardeuers nos amez & feaux les Generaux de nos Finances, chacun pour ſon regard, pour en faire par eux eſtat
comme des autres deniers de noſdits droicts qu'il appartiendra,
& ce ſur peine de nous en prendre à noſdits Officiers en leurs
propres & priuez noms ; & pour ce faire, leur permettons faire
taxe ſi beſoin eſt, à celuy ou ceux qu'ils enuoyeront porter leſdits roolles ou certifications, ſur ladite quarte partie deſdites
confiſcations & amandes, qui ſera adjugée auſdits denonciateurs.

XVIII. Et afin que Nous nous puiſſions aider en nos affaires des deniers prouenans de nosdits droicts de gabelle, & desdites confiscations & amandes, comme des autres deniers de noſtre reuenu, tant ordinaire qu'extraordinaire; Nous voulons que lesdits Receueurs pour ce eſtablis eſdites villes de Roüen, Marſeille & Lyon, preſens & à venir, enuoyent & mettent és mains de nos Receueurs generaux reſpectiuement quinze iours apres chacun quartier eſcheu, tous les deniers qu'ils auront receu tant deſdits droicts de gabelle, que deſdites confiſcations & amandes, ſur ce déduits & rabattus les gages ordonnez à eux & auſdits Controlleurs, qui ſont de dix deniers pour liure pour leſdits Receueurs, & de ſix deniers auſſi pour liure pour leſdits Controlleurs, enſemble la quarte partie deſdites confiſcations & amandes, adjugées auſdits denonciateurs, comme dit eſt, & autres charges qui pourront eſtre ſur ce ordonnées, tant par leſdits Iuges, pour le port deſdits deniers deſdites confiſcations, que par les eſtats qui en ſeront faits par chacun an par leſdits Generaux de nos Finances ; Auſquels & chacun d'eux premier ſur ce requis, Nous mandons faire taxe raiſonnable auſdits Receueurs de nosdits droicts pour le port & voicture deſdits deniers, laquelle taxe que nous auons dés à preſent comme pour lors validée & authoriſée, enſemble leſdits gages, Nous voulons eſtre déduite de la recepte deſdits Receueurs, & paſſée en la deſpence de leurſdits comptes par leſdits Gens de nos Comptes, ſans difficulté.

XIX. Et où il aduiendroit que par le moyen, faute, ſupport, conſentement, diſſimulation, ou faueur de nosdits Officiers & autres, qui pour le devoir de leurs Charges, Eſtats & Offices, doiuent auoir l'œil au bien de Nous & du public, & tenir la main à la correction des abus & maluerſations qui ſe peuuent commettre au contraire, Nous fuſſions fruſtrez & defraudez de nosdits droicts de gabelle, confiſcations & amandes deſſus dites en aucune maniere contre la teneur & intention de ceſdites preſentes, Nous voulons que leſdits Receueurs & Controlleurs de nosdits droicts, ou leurſdits Commis, ſi toſt qu'il viendra à leur connoiſſance, en puiſſent informer & faire informer ſecretement & bien à l'encontre deſdits Officiers & tous autres delinquans & coupables, ſans aucun empeſchement & contredit, pour les informations qui ainſi ſeront par eux fai-

tes, eſtre enuoyées cloſes & ſcellées pardeuers Nous en noſtre
Priué Conſeil, pour ſur icelles eſtre ordonné ce qu'il appartiendra, en leur donnant quant à ce, & ce que dépend de l'e-
xecution de ceſdites preſentes, pouuoir, puiſſance & authorité:
Mandant à tous noſdits Iuges & Officiers qu'à eux en ce faiſant
ils donnent conſeil, confort, ayde, & priſons, ſi meſtier eſt, &
requis en ſont, & leur faſſent obeïr & entendre de tous ceux &
ainſi qu'il appartiendra.

XX. Et ayans eſté aduertis que les deſſuſdits Fermiers de
noſdits droiſts de gabelle ont eû durant leur bail pluſieurs procez, querelles & empeſchemens, par aucuns Particuliers &
Communautez des Villes, pretendans eſtre exempts & affran-
chis du payement de noſdits droiſts de gabelle, ſous couleur
d'aucuns priuileges & exemptions generales à eux oſtroyez par
nos predeceſſeurs Roys, dont aucuns ont eſté par Nous confir-
mez, & qu'en leuant ſous noſtre main leſdits droiſts, ils pourroient faire le ſemblable contre noſdits Officiers, à noſtre tres-
grand intereſt & dommage; Nous voulons & ordonnons que
leſdits priuileges & exemptions pretenduës par leſdites Villes
& Particuliers, dont pour ce regard nous auons ſuſpendu &
ſuſpendons l'effeſt & valeur, ne puiſſent aucunement empeſ-
cher l'entiere execution & effeſt de ceſdites preſentes, & perception de noſdits droiſts, ſauf auſdits Particuliers & Communautez de Villes, de ſe pouruoir pardeuant les Iuges des
lieux en premiere inſtance, auſquels ils ſeront tenus exhiber
& faire apparoir de leurs priuileges : Et s'il y a appel, nous
voulons iceluy eſtre releué pardeuant nos amez & feaux les
Gens de noſtre Grand Conſeil, auſquels par ceſdites preſentes
Nous auons, priuatiuement à tous autres, attribué & attribuons
la connoiſſance deſdits pretendus priuileges, circonſtances &
dependances, par appel & en dernier reſſort, enſemble des
cauſes, procez & querelles qui en pourront ſuruenir cy apres
à l'encontre de noſdits Officiers, dont Nous voulons la prote-
ſtion & defenſe eſtre priſe par noſtre Procureur audit Grand
Conſeil.

XXI. Et pour ce que par importunité, inaduertance ou autrement, nous pourrions faire conceder & oſtroyer aucunes
Lettres contraires à l'effeſt dudit Ediſt & de ces preſentes,

Nous

Nous voulons neantmoins pour quelque cause que ce soit ou
puisse estre, & quelque dérogation qu'il y ait, icelle n'estre
d'aucune force ou valeur, & ne sortir aucun effect contre la
teneur de cesdites presentes; ains les auons dés maintenant comme pour lors, ensemble toutes autres qui pourroient auoir esté
cy-deuant faites, concedées & octroyées, cassées, reuoquées,
& annulées, de nostre certaine science, pleine puissance & authorité Royale, voulans estre procedé contre ceux qui s'en
voudroient aider au contraire de cesdites presentes, comme
contre infracteurs & transgresseurs de nosdites Ordonnances.

XXII. Et d'autant que pour l'execution de cesdites presentes,
& perception de nosdits droicts de gabelle, & obuier aux fraudes
& maluersations qui se peuuent commettre au contraire, lesdits Receueurs, Controlleurs, ou leursdits Commis auront
besoin de l'assistance, faueur, support, aide & secours de plusieurs personnes & Officiers, non considerans combien la mul-
tiplication d'iceux seroit pernicieuse, & le moyen qu'ils auront
de se pouuoir aider en cela, tant de ceux qui ont esté & seront
ordonnez par nostredite imposition foraine, que tous autres
establis & ordonnez pour nos Gabelles; Voulons & Nous
plaist que tous lesdits Officiers, tant Gardes, Peseurs qu'autres, à toutes heures qu'il sera besoin pour nostre seruice, &
que par lesdits Receueurs ou Controlleurs, ou leursdits Commis ils en seront requis, ayent à leur obeyr & entendre, sans aucun contredit, & faire toutes choses necessaires pour nostredit seruice, execution de cesdites presentes & perception de
nosdits droicts, sur peine de priuation de leurs Offices, sans
pour ce prendre autres gages & droicts, que ceux qui leur ont
esté ou seront ordonnez par nosdites Ordonnances & Proui-
sions de leursdits Offices; en mandant à tous lesdits Maistres
des Ports, ou leurs Lieutenans, & chacun d'eux sur ce requis,
y tenir la main, & auoir l'œil de leur part à ce que par leur
faute il ne Nous en aduienne aucune perte & dommage, sur les
peines deuant dites.

XXIII. Et voulons lesdits Receueurs & Controlleurs, ou
leursdits Commis, auoir lieu à part & separé pour la perception de nosdits droicts, & execution de cesdites presentes; és

E

Bureaux qui ont esté ou seront par Nous establis pour ladite imposition foraine de gabelle.

XXIV. Et pour ce qu'auant l'establissement desdits Maistres des Ports, il se pourroit presenter pour l'execution de cesdites presentes, plusieurs affaires & procez, dont la decision & connoissance leur a esté commise & attribuée ; Nous voulons que cependant & attendant ledit establissement que nos autres Iuges & Officiers premiers sur ce requis, en puissent iuger & decider, & que les appellations qui seront interjettées des Iuges qui seront establis à Lyon, ressortissent aux Generaux de la Iustice des Aydes à Paris, celles des Iuges de Marseille au Parlement d'Aix en Prouence, & celles de Roüen aux Generaux de la Iustice dudit lieu.

XXV. Et pour ce aussi que par importunité ou autrement, Nous pourrions faire don cy-apres d'aucune desdites confiscations ou amendes à Nous appartenantes, à cause de cette presente nostre Ordonnance, Nous voulons pour quelque cause que ce soit, & quelque dérogation qu'il y ait és Lettres que Nous en pourrions faire expedier ; qu'elles ne soient payées ne deliurées, fors par les mains des Receueurs qui en doiuent receuoir les deniers, & apres les frais & charges prealablement & entierement payées & acquittées.

SI donnons en mandement à nos amez & feaux les Gens de nos Cours de Parlement, &c. Donné à Amiens le dixiéme iour de Septembre, l'An de grace mil cinq cens quarante-neuf, & de nostre Regne le troisiéme. Ainsi signé, Par le Roy en son Conseil, DV THIER.

Lecta, publicata & registrata inquantum tangit domanium Domini nostri Regis, audito Procuratore Generali Regis, hoc requirente, Parisus in Parlamento, vigesimaquinta die Februarij, anno Domini millesimo quingentesimo quadragesimo nono. DV TILLET.

DECLARATION DV ROY,

sur l'Edict des Traittes Domaniales de l'année mil cinq cens soixante & dix-sept.

ENRY par la grace de Dieu Roy de France & de Pologne, A tous ceux qui ces presentes Lettres verront, Salut. Chacun sçait que pour Nous acquitter enuers les Sieurs des Ligues de Suisse nos grands amis, alliez & confederez, & apres auoir fait voir & rechercher en nos Finances tant ordinaires qu'extraordinaires les moyens d'y satisfaire; Nous aurions pour les plus prompts expediens & moins onereux à nos Subjets, fait au mois de Feurier 1577. nostre Edict des Traittes & transports hors nostre Royaume, de Bleds, Vins, Toilles & Pastels; & du depuis autres Declarations en amplifiant icelles, verifiées tant en nostre Cour des Aydes, que autres lieux où besoin a esté, & cy-attachées sous le contrescel de nostre Chancellerie, par lesquelles Nous auons permis & accordé les Traittes & transports hors nostredit Royaume des Laines estrangeres, Vins d'Espagne, Portugal, Grece, Canarie, & autres Pays, & aussi des Toiles fines & grosses de Flandre, Hollande, Pastels & autres marchandises des Pays susdits, contenuës esdites Declarations, si elles sont descenduës en terre, & mises és magasins dans nostredit Royaume, estre reputées de la nature & qualité de celles specfiiées en nostredit Edict, en payant les droicts portez par iceluy & lesdites Declarations: Neantmoins Nous aurions esté bien aduertis qu'en l'execution de nostredit Edict, il s'est commis plusieurs abus, fraudes & maluersations par les Marchands & autres personnes faisans les transports desdites denrées & marchandises, à quoy l'ordre qui y estoit requis n'a pû y estre donné par nos Officiers sur les lieux, & autres qui en ont eu la charge, soit pour n'auoir esté bien informez de nos vouloir & intention, ou pour auoir esté nostredit Edict defectueux en quelques points & articles, à quoy s'il n'estoit promptement pourueu par vne bien ample declaration de nos vouloir & intention, Nous ne pourrions faire Estat certain du fruiƈt que Nous auons eſperé en recueillir en peu d'années pour l'effeƈt que deſſus; Pour ces cauſes, & autres bonnes conſiderations à ce Nous mouuans, apres auoir ouy en noſtre Conſeil les remontrances des Deputez des Gens des Eſtats de pluſieurs Prouinces de noſtre Royaume, deſirant eſtablir vn bon ordre & reglement au faiƈt deſdites Traittes, auons de l'aduis de noſtredit Conſeil, declaré & ordonné, ordonnons, voulons & Nous plaiſt.

I. En premier lieu, que noſtredit Ediƈt ſur le fait des Traittes du mois de Fevrier 1577. ſera executé en toutes les Prouinces de noſtre Royaume, Pays, Terres & Seigneuries de noſtre obeïſſance & proteƈtion, & ſera intitulé & appellé Ediƈt des Traittes Domaniales.

I I. Et parce que la reduƈtion des denrées & marchandiſes portées par noſtredit Ediƈt, à certain poids & meſure, eſt tres-neceſſaire à l'eſtabliſſement d'vn bon ordre & reglement au faiƈt deſdites Traittes.

I I I. Nous auons, ſuiuant les anciennes Ordonnances de nos predeceſſeurs Roys, ordonné que chacun tonneau de Bled froment, & autres grains, ſera de ſix ſeptiers meſure de Paris, & chacun ſeptier du poids de deux cens vingt liures ou enuiron, & les deux tonneaux faiſant le muid.

I V. Que chacun tonneau de Vin ſera de trois muids meſure de Paris, ou de deux pipes quatre poinçons ou quatre bariques.

V. Le tonneau de Vin d'Eſpagne, Portugal, Grece, & autres Pays eſtrangers ſera de deux pipes.

V I. Et le ballot de Toiles fines & linges ouurez, ſera du poids de cent cinquante, iuſques à deux cens liures & au deſſous.

V I I. Le ballot de toutes groſſes Toiles, caneuas, olonnes, bougrans, ſera de quatre cens liures & au deſſous.

V I I I. La balle de paſtel de ſept à huit vingts liures & au deſſous, ou de quatre cabas pour balle, & en cas pareil de Queſde ou Vouede, qui eſt eſpece de paſtel, & la cuue du poids de huit cens liures & au deſſous.

I X. Et la balle de laines venant de pays eſtrange ſera du poids de cent cinquante, iuſques à deux cens liures & au deſſous.

X. Le tout poids de marc, y compris tonneaux, fuſtailles, balles, ſerpilieres, & tout autre emballage.

X I. Et leſquelles denrées & marchandiſes cy-deſſus ſpecifiées

& reduites audit poids, ceux qui les voudront transporter, seront tenus les faire peser en nostre poids en la Ville où seront lesdites marchandises, & à l'instant de payer & acquitter nosdits droicts amplement declarez, tant par nostredit Edict, que Declaration sur iceluy, entre les mains des Commis de nostre Receueur general ou Fermier desdites Traittes, selon & ainsi qu'il est accoustumé.

XII. Et pour faciliter l'execution de nostredit Edict, & suiuant iceluy, Nous auons derechef reuoqué & reuoquons tous Congez particuliers de faire traittes & transports des denrées & marchandises susdites hors nostredit Royaume, par Nous accordez à quelques personnes, & pour quelque occasion que ce soit, declarant dés à present lesdits Congez nuls & de nul effect & valeur, sans que les Impetrans d'iceux s'en puissent aider ne preualoir, à peine de confiscation desdites denrées & marchandises, nauires, vaisseaux, chariots, charettes & cheuaux où elles seront chargées & conduites, & de cinq cens escus sol d'amende, & autres peines portées par nostredit Edict, & sera informé contre ceux qui depuis la publication d'iceluy y auroient contreuenu pour ce regard, afin d'estre punis selon l'exigence des cas, & aux peines declarées par iceluy nostre Edict.

XIII. Que pendant & durant le temps pour lequel Nous auons destiné les deniers prouenans desdites Traittes au payement des sieurs des Ligues de Suisses, nulles personnes, soit Particuliers, Corps de Villes, Conuents, Colleges, Communautez, & autres de quelque estat, qualité ou condition qu'ils soient, ne se pourront dire exempts du payement d'iceux, & ne voulons ny entendons que les Bleds & Vins vendus és foires franches, soient enleuez & menez hors nostre Royaume, sans au prealable auoir payé ledit droict de Traittes és mains de nostredit Receueur general ou Fermier, d'autant que nos predecesseurs Roys, & Nous, n'auons aucunement entendu cy-deuant que le commerce & transport desdites marchandises fust libre, pour éuiter que nos Subiets en eussent besoin & dizette; Neantmoins à present que la fertilité d'icelles est grande en nostredit Royaume, Nous en auons accordé le libre transport, iusques à ce que par Nous en soit autrement ordonné, en payant toutesfois nosdits droicts, sansqu'aucuns s'en puissent dire exempts pour quelques anciens ou nouueaux Priuileges qu'ils puissent alleguer; lesquels Priuileges pour ledit temps seu-

lement Nous auons fufpendus & fufpendons, & né voulons s'e-
ftendre & auoir lieu à l'endroit de nofdits droicts de Traittes, fans
y preiudicier toutesfois en autres exemptions, franchifes & im-
munitez.

XIV. Et pour éuiter aux grands abus qui fe commettent par
les Marchands & autres, tant Regnicolles qu'Eftrangers, qui font
lefdits tranfports iufques aux frontieres de noftredit Royaume, &
de là paffent outre fans payer nofdits droicts, fous pretexte des
Congez & Paffe-ports à Caution, qu'ils ont obtenus des Commis de noftre Receueur general, ou du Fermier defdites Traittes;
il ne fera loifible aufdits Marchands ne autres, fur peine de confifcation defdites denrées & marchandifes, nauires, vaiffeaux,
charettes & cheuaux où elles feront chargées & conduites, ou
de la valeur d'iceux, & de cinq cens efcus d'amende, & autres
peines portées par noftredit Edict, defcharger ne enleuer aucunes
denrées pour en faire tranfport en noftredit Royaume, ou de Prouince en Prouince, ou de lieu en autre quelque proche qu'il foit,
fans s'adreffer aux Commis de noftredit Receueur general ou
Fermier defdites Traittes du plus prochain Bureau des lieux defdits chargemens, pour y prendre les Acquits, Congez & Paffeports en la forme qu'enfuit, à fçauoir,

XV. Que ceux qui voudront tranfporter par mer ou par terre
lefdites denrées & marchandifes hors de noftredit Royaume, ou és
Prouinces où le droict des Traites n'a pû encore eftre eftably,
feront teuus d'apporter leurs Chartes Parties & Lettres de Cargaifon, auec les declarations defdites marchandifes qu'ils voudront charger, fous leurs fignatures aux Commis de noftre Receueur general ou du Fermier de nofdits droicts, & fuiuant lefdites
Chartes Parties & declarations payer aufdits Commis nofdits
droicts des Traittes, & prendre d'eux les Acquits, Congez &
Paffeports neceffaires; Et pour cet effet auons inhibé & defendu
aux Maiftres des Nauires & Vaiffeaux, ne commencer leur Cargaifon, ny receuoir aucunes marchandifes en leurfdits nauires &
vaiffeaux, ny fe mettre en mer fans auoir leurs Chartes Parties
& enfeignemens de leurdite Cargaifon, & fans eftre garnis & faifis
defdits Acquits, Congez & Paffeports, le tout à peine de confifcations d'icelles, nauires, vaiffeaux, cheuaux, chariots &
charettes où elles feront chargées, conduites & voiturées, & auf-

dits Maiſtres de Nauires & Vaiſſeaux,& Conducteurs d'iceux,de punition corporelle.

XVI. Et pour euiter aux abus qui ſe font ordinairement au tranſport de toutes les marchandiſes contenuës en noſtredit Edict de la Prouince de Normandie, pour eſtre menées en celles où noſtredit droict n'a pû encore eſtre leué & eſtably, Nous voulons & entendons que toutes leſdites marchandiſes payent noſdits droicts, tout ainſi que ſi elles eſtoient tranſportées hors noſtredit Royaume.

XVII. Ceux qui ne voudront faire tranſport deſdites denrées & marchandiſes que de Prouince en Prouince, pourueu que ce ne ſoit és Prouinces où noſtredit droict des Traites n'a encore eſté eſtably, ou qui voudront faire ledit tranſport de lieu en autre de noſtredit Royaume, en éloignant toutesfois les frontieres d'icelles, ou ne les approchant plus prés que de quatre lieuës, tant par mer que par terre, feront auſſi tenus d'apporter aux Commis de noſtredit Receueur general ou Fermier deſdites Traittes, la declaration ſous leurs ſignatures deſdites marchandiſes, & des nauires, vaiſſeaux, cheuaux, chariots & charettes où elles feront chargées, conduites & voiturées & prendre leſdits Congez & Paſſeports, en conſignant nos droicts és mains deſdits Commis, ou bien en baillant Caution auec Certificateurs, leſquels auec le Marchand ou Marchands ou leurs Facteurs & Conducteurs deſdites marchandiſes par Acte que dreſſeront leſdits Commis, promettront l'vn pour l'autre, & vn ſeul pour le tout & s'obligeront comme pour nos propres deniers & affaires, de payer noſdits droicts de Traittes pour raiſon d'icelles marchandiſes contenuës eſdits Paſſeports & Actes, enſemble la valeur deſdites marchandiſes & des nauires, vaiſſeaux, chariots, charettes & cheuaux où leſdites marchandiſes auront eſté conduittes & voiturées, dont viſitation & appreciation en ſera faite par gens à ce connoiſſans, & inſerées audit Acte, de rapporter certification de la deſcente, vente & deliurance deſdites denrées & marchandiſes au lieu qui auoit eſté declaré par ledit Acte; ladite certification bien & deuëment expediée par les Commis au Bureau deſdites Traittes, audit lieu s'il y en a d'eſtablis, ſinon du Bureau le plus proche d'iceluy, laquelle certification ils rapporteront dedans le temps porté par ledit Acte; & en ce faiſant, les deniers qu'ils auront conſignez pour noſdits droicts

leur feront rendus, ou bien eux & leurdite Caution & Certificateur feront defchargez fur les Regiftres defdits Commis, lefquels
garderont & retiendront ladite certification pour la prefenter à
noftredit Receueur general ou Fermier defdites Traittes quand ils
voudront, & huit iours apres ledit temps paffé feront tenus &
contraints ou leur Caution & Certificateur, de payer & fatisfaire
au contenu dudit Acte, lequel pour feureté de ce fera figné par le
Marchand ou Marchands, ou leurs Facteurs & Conducteurs d'i-
celles Marchandifes, & auffi par ladite Caution & Certificateur
qui feront denommez dans ledit Acte, lequel Nous voulons eftre
de telle force & vertu, comme s'il eftoit fait iudiciairement ou pardeuant Notaires.

XVIII. Ceux qui declareront vouloir faire lefdits tranfports
és lieux & Villes de noftredit Royaume, plus proches defdites
Frontieres que de quatre lieuës, apporteront femblablement audit Commis de noftre Receueur general ou Fermier defdites
Traites, la declaration fous leurs fignatures, des denrées & marchandifes qu'ils voudront charger & enleuer, fuiuant laquelle lefdits Commis leur baillleront lefdits Congez & Paffeports, apres
auoir configné en leurs mains nofdits droicts, & baillé Caution de
la valeur defdites marchandifes, enfemble des nauires, cheuaux,
chariots & charrettes où elles auront efté chargées, conduites &
voiturées, laquelle Caution & Certificateur auec les Marchands,
leurs Facteurs ou Conducteurs defdites Marchandifes, par Acte
qui fera dreffé par lefdits Commis, promettront & s'obligeront en
la mefme forme & maniere que dit eft au prochain precedent Article, dont ils feront defchargez ou leurs deniers rendus, en rapportant dedans le temps porté par ledit Acte, certification expediée, ainfi que dit eft au prochain precedent Article, des Commis
au Bureau eftably en la Ville où ils auront declaré vouloir faire
tranfporter lefdites denrées & marchandifes, de la defcente, def-
charge, vente & debit d'icelles, s'il y a Bureau eftably pour le fait
defdites Traittes, plus prés de ladite Frontiere que de quatre lieuës,
auquel Bureau ils prendront des Commis acquit du payement
fait de nofdits droicts, Congé & Paffeport auant qu'en pouuoir fortir, & s'il n'y a Bureau en rapportant certification fignée du Iuge, ou des Maires & Efcheuins dudit lieu ou Ville, ou
des Gardes plus prochains dudit lieu, où ils auront fait ledit
tranfport

tranſport comme leſdites marchandiſes y auront eſtè deſchargées, vendües & diſtribuées dans le temps qui leur aura eſté prefix & limité par l'Acte des Commis, où ils auront premierement pris Congé & Paſſeport, ou conſigné noſdits droicts, eux & leurdite Caution demeurans deſchargez, ou bien leurs deniers conſignez, rendus, le tout aux peines amplement declarées par le ſuſdit prochain precedent Article; Et ce pour euiter aux grands abus & fraudes qui ſe font ordinairement par ceux qui ayant conduit & mené les denrées & marchandiſes iuſques à la Frontiere, & les y ayans deſchargez rapportent leſdits certificats, & peu de temps apres font aiſément leſdits tranſports hors du Royaume, eſtant ſi proche de la Frontiere.

XIX. Et d'autant que les laines, chanvres & lins, qui ſont du crû de noſtredit Royaume, ſont tres-neceſſaires pour la manufacture & vſage de nos Subjets; Nous ne voulons ny entendons, ſuiuant noſtredit Edict, qu'il ſorte aucuns lins, chanvres & laines, du crû de noſtredit Royaume, ny fils de ces eſpeces en quelque façon & maniere que ce ſoit, à peine de confiſcation, & de cinq cens eſcus d'amende; & voulons que le Commis de noſtredit Receueur general ou Fermier de noſdites Traittes, les ſaiſiſſent & mettent en noſtre main, enſemble les nauires, vaiſſeaux, cheuaux, chariots & charettes où elles ſeront chargées, conduites & voiturées, & ce pour obuier aux fraudes, abus & falſifications qui ſe feront commiſes & pourroient commettre aux tranſports deſdites laines, ſous pretexte de dire qu'elles ſont eſtrangeres.

XX. Et quant aux Vins d'Eſpagne, Portugal, Grece, Canarie, & autres Pays eſtrangers, ſemblablement aux Toilles fines ou groſſes de Flandre, Hollande, paſtel, & autres marchandiſes eſtrangeres, de la nature de celles ſpecifiées tant par noſtredit Edict, que par la preſente Declaration; Nous voulons que ſi elles ſont deſcendües en terre ou miſes en magaſins, & apres rechargées pour eſtre tranſportées hors noſtredit Royaume, elles ſoient reputées du crû d'iceluy, & comme telles ſujettes à noſdits droicts de Traites, tels & ſemblables à ceux qui Nous ſeront deubs & payez pour les Vins, Toilles & paſtels du crû de noſtredit Royaume, ſans auoir eſgard aux oppoſitions & empeſchemens faits & donnez par les Habitans de noſtre Ville de Calais & autres, tant nos Subiets qu'Eſtrangers.

F

XXI. Et pour le regard des Bureaux ia establis, pour le faict desdites Traittes és Prouinces de nostredit Royaume; Nous voulons que nostre Receueur general ou Fermier d'icelles, les puissent diminuer ou augmenter & changer en chacune desdites Prouinces, ainsi qu'il verra estre à faire, tant pour la commodité & soulagement des Marchands, que pour la conseruation de nosdits droicts.

XXII. Voulons & entendons que tous passages esdites Prouinces pour le faict desdites Traittes, ou il n'y aura Bureaux establis, ou passages permis par nostredit Receueur general ou Fermier d'icelles soient interdits & defendus, comme passages faux & obliques aux peines portées par nostredit Edict & presente Declaration.

XXIII. Et parce que la conseruation de nos droicts de Traites depend de la vigilance & bon deuoir des Gardes qui seront establis tant és Bureaux que des Ports, haures, lieux & passages qui seront permis & ouuerts par nostredit Receueur general ou Fermier desdites Traites ; Nous voulons & ordonnons que suiuant les Edicts de nos predecesseurs Roys, & le nostre dernier du mois de Feurier 1577. & nostre presente Declaration, il soit estably par nostredit Receueur ou Fermier si bon luy semble des Gardes és lieux des Bureaux de la reigle desdites Traittes pour verifier les acquits, congez & passeports qui seront donnez par leurs Commis ausdits Bureaux, & lesquels Gardes certifieront ladite verification, sur le dos desdits acquits, congez & passeport à ce qu'il ne se commette aucune fraude à la sortie de nostredit Royaume.

XXIV. Establira aussi nostredit Receueur general ou Fermier desdites Traites (si bon luy semble) autres Gardes és passages par luy permis aux extremitez de nostredit Royaume, lesquels verifieront le contenu ausdits acquits, congez & passeports, & certificront sur le dos d'iceux le temps auquel lesdites denrées & marchandises seront sorties, & sans pour ce prendre aucune chose des Marchands, non plus que les autres Gardes cy-dessus.

XXV. Et où la sortie, les changemens desdites denrées & marchandises ne se trouueroient conformes ausdits acquits, congez & passeports; Nous ordonnons ausdits Gardes & au Commis de nostredit Receueur general ou Fermier d'icelles, saisir, arrester & mettre sous nostre main, ensemble les nauires, vaisseaux,

cheuaux, chariots & charettes, où ils se trouueront chargez &
conduites pour y estre confisquées, & ceux à qui elles appartiendront condamnez és peines & amendes portées par nostredit Edict,
& la presente Declaration, & ce par nos plus prochains Iuges ordinaires des lieux, ou tels autres que voudra nommer le Fermier desdites Traites.

XXVI. Et pour encore mieux couper chemin aux abus & maluersations, qui se commettent aux transports qui se font dans nostre Royaume, de Prouince en Prouince, ou de lieu en autre de
la mesme Prouince, sous pretexte des congez & passeports à caution; Nous voulons & entendons que lesdits Gardes cy-dessus, fassent le mesme deuoir pour ce regard, comme pour ce qui sort hors
nostredit Royaume, & que les certificats de la descente, vente &
distribution, qu'apporteront lesdits Marchands & autres qui auront fait lesdits transports, soient representez aux Commis de
nostredit Receueur general ou Fermier du Bureau où ils auront
pris lesdits congez & passeports à Caution, pour en estre des-
chargez les Registres desdits Commis, & seront lesdits certificats signez des Commis de nostredit Receueur general ou Fermier de nosdits droicts de Traites, si au lieu de la descente &
deschargement il y a Bureau pour ce estably, & où il n'y en au-
roit, lesdits certificats seront signez du Iuge ordinaire, ou des
Maires & Escheuins, & des Gardes dudit lieu, le tout à peine de
confiscation, & amendes portées par nostredit Edict, & presente
Declaration.

XXVII. Et pour plus prompte execution de nostredit Edict,
& de ces presentes, Nous auons donné & donnons pouuoir & per-
mission à tous les Commis de nostredit Receueur general ou Fermier desdites Traites, & aux Gardes qui auront bonne Commission
de l'vn d'eux, faire tous exploits d'arrests, saisies d'adjournemens, &
commandement pour le fait de leursdites Commissions & charges,
pendant le temps d'icelles seulement, que voulons estre de tel effect & valeur, que si faites estoient par nos Huissiers ou Sergens,
ausquels Nous imposons silence pour ce regard, defendant à tous
des'en immisser, si ce n'est à la requeste des Commis, tant Prouin-
ciaux que Particuliers en chacun Bureau desdites Traites, pour
nostredit Receueur general ou Fermier d'icelles, ou des Gardes
ayans leurs Commissions, ou bien en les accompagnant ou fai-

fant efcorte ; aufquels Commis & Gardes, & ceux qui les accom-
pagneront & efcorteront, Nous auons permis & permettons porter
toutes armes offenfiues & defenfiues pour la feureté de leurs perfonnes & de nos deniers, lefquels en outre Nous auons pris & mis,
prenons & mettons par cefdites prefentes, enfemble leurs fem-
mes, enfans, familles & biens, en & fous noftre protection & fau-
uegarde fpeciale, que voulons eftre fignifiées & publiées és lieux
accouftumez, & à telles perfonnes qu'il appartiendra, en faifant
expreffes inhibitions & defenfes à toutes perfonnes generalement
quelconques, fur peine de confifcation de leurs biens & de punition corporelle, de leur méfaire ny médire en corps ou en biens, en
quelque maniere que ce foit, & defendant auffi aux Marchands
& Voituriers par terre d'aller en groffes troupes, ny vfer d'aucunes forces ou violences contre lefdits Commis & Gardes, aux
mefmes peines de confifcations des biens & punition corporelle.

XXVIII. Et pour le faict de la Iuftice & contrauentions à noftredit Edict, & à ces prefentes, enfemble des abus, exceds &
maluerfations, procez & differends meus, non encore iugez,
& autres à mouuoir pour le faict defdites Traites, payement de nofdits droicts & confifcations & amendes, circonftances & dependances, concernant l'execution de noftredit Edict; Nous en auons
fuiuant iceluy attribué, & par ces prefentes attribuons en premiere
inftance la connoiffance aux plus prochains nos Iuges ordinaires
des lieux où feront commifes lefdites contrauentions, abus & maluerfations : Neantmoins le Fermier de nofdites Traittes pourra
s'aider pour ce que deffus, de tels autres Iuges que bon femblera audit Receueur general ou Fermier.

XXIX. Si donnons en mandement aux Gouuerneurs de nos Prouinces ou leurs Lieutenans efdits Gouuernemens, Admiraux, Vi-
ce-Admiraux, Treforiers de France & Generaux de nos Finances, Baillifs, Senefchaux, Preuofts, Maiftres des Ports, Ponts,
Peages, Paffages, & à tous nos autres Iufticiers & Officiers, & à
chacun d'eux, fi comme appartiendra, que noftre prefente Declaration, Ordonnance & Reglement, ils faffent lire, publier &
enregiftrer en leurs Cours, Sieges & Iurifdictions, & par tout ailleurs où il appartiendra, mefme aux Ports, Havres & paffages par
lefquels on peut faire lefdites Traittes & tranfports, & le contenu
en icelle, faffent entretenir, garder & obferuer de point en point

ſcion la forme & teneur, procedant & faifant proceder contre
ceux qui enfraindront & y contreuiendront, par les peines contenuës cy-deſſus : Car tel eſt noſtre plaiſir, nonobſtant quelconques
Ordonnances, tant anciennes que modernes, faites par noſdits
Predeceſſeurs Roys, & Nous, ſur le faiᵉᵗ deſdites Traittes & tranſports hors noſtredit Royaume, & quelconques Ordonnances, re-
ſtrinᵉᵗions, mandemens, defenſes, & Lettres à ce contraires, auſ-
quelles pour les conſiderations ſuſdites, Nous auons dérogé & dérogeons par ceſdites preſentes. Et par ce que d'icelles on pourra
auoir affaire en pluſieurs & diuers lieux, Nous voulons qu'au
vidimus qui en ſera fait ſous ſcel Royal, ou copie collationnée par
l'vn de nos amez & feaux Notaires & Secretaires, foy ſoit adjouſ-
tée comme au preſent Original, auquel en teſmoin de ce Nous
auons fait mettre noſtre Scel. DONNE' à Saint Maur des Foſſez
au mois de Iuillet, l'An de grace mil cinq cens quatre-vingts ; &
de noſtre Regne le ſeptiéme. Ainſi ſigné par le Roy en ſon Conſeil, FORGET. Et ſcellé en double queuë du grand Sceau
de cire jaune.

EXTRAICT DES REGISTRES
de la Cour des Aydes.

VEV par la Cour les Lettres Patentes du Roy, données à Saint Maur des Foſſez, au mois de Iuillet
1580. ſignées par le Roy en ſon Conſeil, FORGET,
& ſcellées ſur double queuë de cire jaune du grand
Scel, en forme de Declaration ſur les Lettres d'E-
diᵉᵗ du mois de Fevrier 1577. tant ſur le faiᵉᵗ des Traittes des
bleds, vins, toilles & paſtels ſortans hors ce Royaume, que des laines eſtrangeres, Vins d'Eſpagne, Portugal, Grece, Canarie, &
autres Pays, & auſſi des Toilles groſſes & fines de Flandre, Ho-
lande, paſtels & autres marchandiſes des Pays, ſuſdits contenuës eſdites Lettres de Declaration, ſi elles ſont deſcenduës en terre
& miſes és magaſins dans cedit Royaume ; leſdites Lettres d'E-
diᵉᵗ, tant dudit mois de Fevrier 1577. que dudit mois de May,

1578. auec la verification d'icelle faite ; Autres Lettres ûudit Sieur, données à Paris le vingt-troisiéme Mars 1582. signées par le Roy, Gourdon, & scellées sur simple queuë de cire jaune du grand Scel, à ladite Cour adressantes, par lesquelles ledit Sieur mande, or‑donne, & tres-expressément enjoint à ladite Cour, qu'elle ait a proceder à la verification & entherinement desdites Lettres dudit mois de Iuillet de point en point selon sa forme & teneur, sans y faire aucun refus, modification ny restriction, nonobstant l'ob‑mission dudit adressé & surannation d'icelles ; la Requeste presen‑tée à ladite Cour le deuxiéme Avril 1582. par Maistre Maturin Sanguin Fermier Adjudicataire desdites Traittes, requerant la verification & entherinement desdites Lettres selon leur forme & teneur ; les Conclusions du Procureur general auquel le tout a esté communiqué, & le tout veu & consideré. LA COVR a ordonné ordonne que lesdites Lettres du mois de Iuillet 1580. seront regi‑strées és Registres d'icelle, pour du contenu en icelles iouyr par ledit Sanguin, ainsi que le Roy le veut & mande, à la charge qu'il s'aydera au faict desdites Traittes, des Officiers pourueus en til‑tres d'Office, ausquels il sera tenu faire payer les droicts & gages accoustumez, & que les Marchands & Voituriers ne pourront & ne seront tenus acquitter sinon aux extremitez de leurs Prouin‑ces, & ne pourra establir ledit Sanguin aucuns Bureaux aux che‑mins & voyes obliques & détournées, ains seulement sur les grands chemins, & ce par l'aduis des Tresoriers generaux, de la charge & Officiers desdits Bureaux, sans toutesfois qu'ils puissent apporter aucune incommodité aux prochaines Prouinces ; & ou‑tre, à la charge que les appellations qui seront interjettées des Sen‑tences & iugemens qui seront donnez par lesdits Officiers, mes‑me des saisies & autres procedures, ressortiront & se vuideront par appel en ladite Cour & non ailleurs. Prononcé le douziéme iour de May mil cinq cens quatre-vingts deux. Signé, PONCET.

EDICT DV ROY, POVR L'ENTRE'E
des groſſes denrées & marchandiſes, du mois d'Octobre 1581. verifié en la Cour des Aydes.

HENRY par la grace de Dieu Roy de France & de Pologne : A tous ceux qui ces preſentes Lettres verront, Salut. Les Roys nos Predeceſſeurs pour certaines bonnes & raiſonnables cauſes concernans le bien, profit & vtilité de noſtre Royaume, & de la choſe publique d'iceluy, conſeruation & augmentation de noſtre Domaine, auroient fait pluſieurs Edicts, Statuts & Ordonnances ſur l'entrée & ſortie des denrées & marchandiſes en noſtredit Royaume, & ſur partie d'icelles ordonné eſtre pris & leué quelques droicts & ſubſides moderez, tant pour éuiter la foule de nos Subjets, que pour entretenir le commerce auec les Nations eſtranges, & par tel moyen pouuoir aucunement aider à la neceſſité de nos affaires continuelles, ſçachant qu'en noſtredit Royaume l'on apporte de pluſieurs & diuerſes Prouinces eſtrangeres, grande quantité de denrées & marchandiſes, ſur leſquelles iuſqu'à preſent. n'a eſté leué par Nous aucun droict general à leur entrée & apport d'icelles, conſiderant qu'à l'aduenir il en pourroit reſulter vn grand bien à l'augmentation de nos Finances, ſans la ſurcharge de nos Subjets, qui pourront d'ailleurs eſtre ſoulagez : Sçauoir faiſons, qu'apres auoir eſté ce faict meurement conſideré en noſtre Conſeil, où eſtoient aucuns des Princes de noſtre Sang, & autres Princes & Seigneurs de noſtredit Conſeil, Auons de noſtre certaine ſcience, pleine puiſſance & authorité Royale, dit, declaré & ordonné, diſons, declarons & ordonnons, qu'à l'aduenir les denrées & marchandiſes venans des Pays eſtrangers, entrans en cettuy noſtredit Royaume, Pays, Terres & Seigneuries de noſtre obeïſſance, ſoit par mer ou par terre, qu'elles y ſoient amenées ou conduites, payeront à leur arriuement & entrée entre les mains de nos Receueurs, Fermiers ou Commis, les ſommes contenuës à l'Eſtat & Reglement attaché à ces preſentes, ſous le contreſcel de noſtre Chancellerie, à quoy Nous auons fait taxer

icelles denrées & marchandiſes eſtrangeres, ſur leſquelles cy-
deuant n'a eſté, comme dit eſt, leué aucun droict d'entrée, que
Nous voulons, ordonnons & Nous plaiſt, eſtre payé à l'aduenir
par les Marchands ou Conducteurs d'icelles, à l'entrée qu'ils
en feront en noſtredit Royaume, Pays, Terres & Seigneuries
de noſtre obeïſſance, ſans exception d'aucunes perſonnes pour
quelques cauſes ou occaſions que ce ſoit, priuileges ou exemptions d'autres droicts & ſubſides, ſur peine de confiſcation d'i-
celles denrées & marchandiſes qui n'auront eſté acquittées, &
des nauires, batteaux & autres vaiſſeaux, charettes, cheuaux
& mulets qui les apporteront, leſquelles denrées & marchandiſes ne pourront paſſer ny eſtre deſchargées en aucune maniere que prealablement noſdits droicts n'ayent eſté bien fidel-
lement payez & acquittez, ainſi qu'il eſt contenu & declaré audit Reglement, au cas toutesfois que leſdites marchandiſes cy-
deſſus declarées n'ayent payé à Lyon ou ailleurs, auquel cas
faiſant apparoir par bonne & ſuffiſante certification qu'ils ayent
payé, en ſeront deſchargez : Voulant à cette fin que tous Mariniers, Voituriers, Conducteurs deſdites denrées & marchandiſes en l'abſence des Proprietaires d'icelles, ou de leurs Commis & Facteurs, ayent incontinent qu'ils ſeront arriuez à bailler par declaration au Bureau où ſe fera la perception deſdits
droicts d'Entrée, la quantité d'icelles denrées & marchandiſes,
par poids ou par nombre, ſelon leurs qualitez, ſans aucune fraude ou deception, ſur peine de confiſcation de la totalité, & des
vaiſſeaux, cheuaux & charettes qui les auront apportées ; defendant tres-expreſſément à toutes perſonnes, de quelque Eſtat,
qualité ou condition qu'ils ſoient, & ſous quelque couleur ou
pretexte que ce ſoit, de deſcharger de nuict aucunes deſdites
marchandiſes, ny aux coſtes ou rades, ſi ce n'eſt par la permiſſion & conſentement des Officiers qui ſeront par Nous ſur ce
commis, & de l'exprés conſentement de nos Receueurs ou
Fermiers, ſur les meſmes peines de confiſcation cy-deſſus declarées ; ce que meſmement Nous voulons & entendons eſtre
obſerué & pratiqué à l'endroit de ceux qui feroient entrer par
terre d'aucunes deſdites denrées & marchandiſes, par chemins
obliques, & non pratiquez & accouſtumez pour l'entrée des
marchandiſes eſtrangeres en cettuy noſtre Royaume, & meſme
ainſi qu'il eſt vſité pour la ſortie des marchandiſes qui ſortent

de

de cettuy noftre Royaume : Declarant tout ce qui feroit trouué
aux autres chemins eftre confifcable, fans aucune moderation,
afin que par ce moyen Nous ne confommions en frais les droiɗs
qui Nous pourront reuenir de ladite Entrée, & auffi pour éuiter aux abus & maluerfations qui autrement fe pourroient commettre. SI donnons en mandement à nos amez & feaux les
Gens tenans la Cour de nos Aydes à Paris, que ces prefentes
& ledit Reglement ils faffent lire, publier & enregiftrer ; & à
nos Gouuerneurs, Lieutenans generaux, Admiraux, Vice-Ad-
miraux en nos Pays & Prouinces, Treforiers generaux de nos
Finances, Baillifs, Senefchaux, Preuofts, Vicomtes, Maiftres des
Ports, leurs Lieutenans, & tous autres nos Iufticiers & Officiers
qu'il appartiendra, que cefdites prefentes, enfemble ledit Reglement par Nous ainfi fait pour la perception defdits droiɗs d'Entrée, ils faffent, chacun en droit foy refpeɗiuement, entretenir &
inuiolablement garder & obferuer de point en point, felon leur
forme & teneur, fans moderer ou diminuer aucunement les
peines & rigueurs portées par cefdites prefentes contre les con-
treuenans, le tout nonobftant oppofitions ou appellations quelconques, & fans preiudice d'icelles, pour lefquelles ne voulons
aucunement eftre differé, dérogeant en tant que befoin feroit,
à toutes Lettres, Statuts & Ordonnances à ce contraires, auf-
quelles & aux dérogatoires des dérogatoires y contenuës, Nous
auons dérogé & dérogeons par ces prefentes : CAR tel eft noftre plaifir. DONNE' à Paris le troifiéme iour d'Oɗobre, l'An
de grace 1581. & de noftre Regne le huitiéme. Signé, HENRY :
Et fur le reply, Par le Roy, figné PINART. Et fcellées fur double queuë de cire iaune du grand Scel. Et plus bas eft efcrit :

*Leuës, publiées & regiftrées en la Cour des Aydes à Paris, oüy & ce con-
fentant le Procureur General du Roy, du tres-exprés commandement dudit
Seigneur, par plufieurs fois reïteré. A Paris en ladite Cour des Aydes le
dernier iour de Ianuier l'an 1582. Signé, PONCET.*

Collationné aux Originaux par moy Confeiller Secretaire du
Roy, Maifon & Couronne de France, & de fes Finances.